Christoph Levin
Entwurf einer Geschichte Israels

Centrum Orbis Orientalis et Occidentalis (CORO)
Zentrum für Antike und Orient

Akademie der Wissenschaften zu Göttingen
Georg-August-Universität Göttingen

Julius-Wellhausen-Vorlesung

Herausgegeben von
Reinhard G. Kratz und Rudolf Smend

Heft 5

De Gruyter

Christoph Levin

Entwurf einer Geschichte Israels

De Gruyter

ISBN 978-3-11-052999-9
e-ISBN (PDF) 978-3-11-053241-8
e-ISBN (EPUB) 978-3-11-053059-9
ISSN 1867-2213

Library of Congress Cataloging-in-Publication Data
A CIP catalog record for this book has been applied for at the Library of Congress.

Bibliografische Information der Deutschen Nationalbibliothek
Die Deutsche Nationalbibliothek verzeichnet diese Publikation in der Deutschen Nationalbibliografie; detaillierte bibliografische Daten sind im Internet über http://dnb.dnb.de abrufbar.

© 2017 Walter de Gruyter GmbH, Berlin/Boston
Druck: CPI books GmbH, Leck
♾ Gedruckt auf säurefreiem Papier
Printed in Germany
www.degruyter.com

Inhalt

Thomas Kaufmann
Einführung VII

Christoph Levin
Entwurf einer Geschichte Israels 1
   Die Quellen der Geschichte 2
   Der Zeitraum der Geschichte 8
   Der Gegenstand der Geschichte 11
   Die Bedeutung der Geschichte 19
   Anmerkungen 28

Einführung

Thomas Kaufmann
Akademie der Wissenschaften zu Göttingen

Meine sehr verehrten Damen und Herren!

Im Namen der Göttinger Akademie begrüße ich Sie herzlich. Es freut mich, dass Sie heute Abend zu uns gefunden haben – ich denke, Sie werden es nicht bereuen. Zu den Usancen dieser Wellhausen-Lecture, zu der seit 2007 prominente Bibel- und Altertumswissenschaftler geladen werden, gehört es, dass der Präsident der Akademie, den ich heute – herzliche Grüße von Herrn Tangermann übermittelnd – zu vertreten habe, sie eröffnet. Diesem Umstand können sie entnehmen, dass wir diese Lecture seitens der Akademie sehr schätzen. Der große Name unseres Mitgliedes, nach dem die Vorlesung benannt ist, hat entscheidend dazu beigetragen, dass sie sich schon nach wenigen Jahren großer internationaler Akzeptanz in der Breite der Fachdisziplinen erfreut, in denen Wellhausens Erbe nachwirkt. Wir danken dem Centrum Orbis Orientalis et Occidentalis (CORO) und seinem Direktor, Herrn Kollegen Kratz, dass er sich die Pflege dieser renommierten Lecture besonders angelegen sein lässt und sich sehr darum bemüht, diese Veranstaltung über das Maß des Üblichen in Göttingen und darüber hinaus sichtbar zu machen.

Unter den bisher geladenen Rednern ist unser heutiger Gast der erste deutsche Alttestamentler und wohl der erste alte Göttinger. Denn Christoph Levin, Ordinarius – wie es an dem unerschütterlich glücklichen Ort seines Wirkens, nämlich in München, noch heißt – Ordinarius für Altes Testament, hat eine durchaus prägende Göttingische Vorgeschichte: Hier wurde er mit der Dissertation „Die Verheißung des neuen Bundes in ihrem theologiegeschichtlichen Zusammenhang" promoviert. Und hier habilitierte er sich auch mit der die Pentateuchforschung durcheinander wirbelnden frechen Studie „Der Jahwist" – der vermutlich er selber ist. Ein Vortrag in Göttingen hat in seinem Fall ein wenig von einem Heimspiel – wobei die Fußballmetaphorik gegenüber Münchner Kollegen, die notorisch in der Champions League kicken, aus Göttinger Sicht nicht ganz ungefährlich ist. Zum Glück ist Levin korrespondierendes Mitglied unserer Akademie – und allein dies verbürgt ein gewisses Wohlverhalten. Insofern freue ich mich herzlich, lieber Herr Levin, dass Sie gekommen sind.

Christoph Levin, geboren 1950 in Duisburg und aufgewachsen in Trier, Professor für Altes Testament zunächst in Gießen, seit 1998 dann an der LMU München, dient seiner Fakultät nun schon in der zweiten Amtszeit als Dekan; für das kommende Jahr hat er als amtierender Präsident der International Organization for the Study of the Old Testament den Weltkongress der alttestamentlichen Wissenschaft an die Isar geholt. Levin gehört zu den markanten Vertretern seines Faches. Aus der Sicht des außenstehenden Nichtexegeten gilt dies etwa nur in Bezug auf die weithin sichtbare Präsenz seines Bestsellers „Das Alte Testament" in der Beck'schen Reihe, die man in jeder Bahnhofsbuchhandlung abgreifen kann – eine ungemein kompakte Gesamtdarstellung zu einem riesigen Fachgebiet, die in sich eine Meisterleistung darstellt. Markant ist er sodann in Hinblick darauf, dass wohl beinahe sein gesamtes Œuvre ins Koreanische – vermutlich die künftige lingua franca der Exegese – übersetzt worden ist.

Ein markanter Vertreter der alttestamentlichen Wissenschaft ist Levin jedoch vor allem in folgenden Hinsichten: Zum einen in Bezug auf die radikale historische Dekonstruktion der literarischen Überlieferungen Israels, zum anderen in der Bemühung um eine theologisch synthetisierende Zusammenschau der nicht selten sehr heterogenen Befunde. Erstaunlich erscheint ex post vor allem, dass schon in den frühen Arbeiten – wie mir scheint – in dieser doppelten Hinsicht der ganze und eigenwillige Levin da ist. So, wenn er bereits in seiner Dissertation die deuteronomistisch ausgearbeitete Verheißung des neuen Bundes schonungslos als spät zu datierende Fortschreibung älterer Jeremiatraditionen interpretiert und zugleich im Christusereignis eine Rechtfertigung dieser Verheißung, gleichsam eine neue Phase der Fortschreibung, wahrnimmt.

Für Christoph Levin ist es ein tiefes Anliegen, die literarischen Wachstumsprozesse, die die Texte des Alten Testaments durchlaufen haben, als Entfaltung einer sich wandelnden, die Überlieferung je und je neu aneignenden Deutungsgeschichte verstehbar zu machen. Es geht ihm also nicht nur darum, die Quellen und Redaktionsstufen der textlichen Endgestalt durchsichtig zu machen, sondern den Fortschreibungsprozess als solchen als Vorgang einer immer neuen Deutungs- und Aneignungsgeschichte, als Selbstauslegung des Alten Testaments zu begreifen. Ungeachtet seiner in herrnhutischer Tradition verwurzelten ökumenischen Gesinnung ist das theologisch-hermeneutische Grundmotiv der Levinschen Arbeit am Alten Testament zutiefst protestantisch geprägt. Denn Levin versucht nicht weniger, als die luthersche Behauptung, dass die Schrift ihr eigener Interpret sei, sich also selbst auslege, auf den Prozess sowohl der Entstehungsgeschichte durch Fortschreibung als auch auf den Akt der historisch-kritischen Rekonstruktion anzuwenden. Der exegetische Rekonstrukteur wird somit Teil der Fortschreibungsgeschichte, die er durchsichtig und verstehbar zu machen versucht. Nach Levin drängt das Alte Testament darauf, literarhistorisch gelesen und durchsichtig gemacht zu werden. Wenn er Recht hat, kann es keine angemessenere Aktualisierung des reformatorischen Schriftprinzips geben als die historisch-kritische Rekonstruktion ihres Werdens.

Von seinen biblisch-hermeneutischen Interessen her sind die ins Extreme gespannten Pole seiner Arbeit – radikaler Zweifel an überkommenen Datierungen und messerscharf zergliedernde Analysen der textlichen Wachstumsprozesse hier, Integration der textlichen Entwicklungen in eine historisch-theologische Sinnbewegung dort – keine Gegensätze, sondern komplementäre Weisen der Fortschreibung. Derselbe Levin, der Psalmen historisch kontextualisiert, redaktionskritisch zerpflückt und in ihrem Werden verstehbar macht, begleitet das Losverfahren der Herrnhuter Losungen und legt die Schrift als virtuoser Universitätsprediger als Gegenwartswort aus – ein atemberaubendes Spektrum, aber in ihm kein Widerspruch.

Interessant ist nun, was aus all dem für eine Rekonstruktion der Geschichte Israels folgt, denn an einer solchen arbeitet Levin – soweit ich sehe, nicht erst seit gestern. Die Herausforderung, vor der die alttestamentliche Wissenschaft in dieser Hinsicht steht, ist auch eine Folge dessen, dass das Bild der Geschichte des alten Israel in den letzten Jahrzehnten in einen erheblichen Wandelsprozess hineingeraten ist, einerseits aufgrund archäologischer Befunde, andererseits wegen der Ergebnisse der literaturgeschichtlichen Arbeit am Alten Testament. Eine „Geschichte Israels" muss ihren Gegenstand und ihre Quellengrundlage in spezifischer Weise ausfindig machen und rekonstruieren und kann sich weit weniger als viele andere Geschichten auf die ‚Positivität' bestimmter Grundannahmen stützen. Dass Levin bei diesem Thema dem Namenspatron dieser Wellhausen-Vorlesung seinen Tribut nicht versagen wird, darf in Göttingischer Bescheidenheit erwartet werden.

Entwurf einer Geschichte Israels

Christoph Levin
Ludwig-Maximilians-Universität München

„Konstruiren muß man bekanntlich die Geschichte immer," stellt Wellhausen in den *Prolegomena zur Geschichte Israels* fest, „der Unterschied ist nur, ob man gut oder schlecht konstruirt."[1] Diese Bedingung ist jedem Historiker geläufig. Droysen sagt gelegentlich unverblümt: „Alles, was geschehn und getan, Geschichte nennen und als Kontinuität darstellen wollen, ist Unsinn. [...] Wir haben nur diesen Moment Gegenwart; Anfang und Ende und das Ganze und der Zusammenhang, das ist unsre Konstruktion".[2] Um Geschichte zu werden, müssen die Geschehnisse historische Perspektive gewinnen. Die haben sie nicht aus sich selbst, sondern sie wächst ihnen im Rückblick zu; und zwar immer von neuem, weil der Fortgang der Zeit die Folge hat, dass der Rückblick des Betrachters sich laufend verändert. „Wie es eigentlich gewesen ist", bleibt uns verschlossen und würde auch nichts besagen.

Dass wir das Vergangene dem Vergessen entreißen müssen, zeigt unerbittlich, dass es vergangen ist. Es ist die Gegenwart, die nach ihrer Vergangenheit fragt. Sie fragt, um sich selbst zu verstehen. In diesem Dialog bleibt die Geschichte den Verstehensbedingungen des Heute ausgesetzt. Was vergangen ist, ist wehrlos. Aufgabe des Historikers ist, im Dialog der Gegenwart mit der Vergangenheit der Anwalt des Vergangenen zu sein. Er muss die Vergangenheit, die es wiederzugewinnen gilt, vor dem allzu vitalen Zugriff der Gegenwart in Schutz nehmen. Das einzige Mittel dazu ist die (selbst-)kritische Deutung der Quellen.

Wir befinden uns auf der Suche nach der Geschichte immer in einem Zirkel. Aber es hilft, wenn wir uns dessen bewusst sind. Noch einmal Droysen: „Die Forschung ist nicht auf ein zufälliges Finden gestellt, sondern sie sucht etwas. Sie muß wissen, was sie suchen will; erst dann findet sie etwas. Man muß die Dinge richtig fragen, dann geben sie Antwort."[3] Deshalb steht am Beginn einer jeden Geschichtsdarstellung bewusst oder unbewusst der Entwurf.

Ich will im Folgenden vier Aspekte behandeln, die ein Entwurf einer Geschichte Israels bedenken muss: (1) die Quellen der Geschichte, (2) den zu behandelnden Zeitraum und seine Epochengrenzen, (3) den Gegenstand der Geschichte und die wesentlichen Strukturen, in denen das Geschehen verlaufen ist, und schließlich (4) die Bedeutung, die die Geschichte Israels gewonnen hat. Alle vier Aspekte hängen untereinander zusammen, so dass die Antworten sich gegenseitig durchdringen.

Die Quellen der Geschichte

Die Geschichte Israels bedarf nicht nur eines Entwurfs, sondern sie ist immer schon ein Parallel- oder gar Gegen-Entwurf zu jenem Entwurf, der ihre Wirkung in der abendländischen Religions- und Kulturgeschichte bestimmt hat und der für alle Zeit maßstäblich bleiben wird: der Darstellung des Alten Testaments. *Geschichte Israels ist immer, sogar an erster Stelle, Deutung der Bibel, die zugleich die mit Abstand wichtigste Quelle ist, die wir für sie besitzen.* Die Geschichte Israels zu erforschen, ist für uns eine Teildisziplin der biblischen Exegese und als solche eine Teildisziplin der Theologie, nämlich ihr historisches Korrektiv.

Wellhausen begann den ersten Band seiner *Geschichte Israels*, den er ab der zweiten Auflage *Prolegomena zur Geschichte Israels* nannte, mit dem Satz: „Das vorliegende Buch unterscheidet sich von seinesgleichen dadurch, dass die Kritik der Quellen darin einen ebenso breiten Raum einnimmt als die Darstellung der Geschichte."[4] Dieses methodische Erfordernis ist genau besehen eine Selbstverständlichkeit, hatte aber in der Theologie einen schweren Stand und hat ihn bisweilen noch heute.

Das Alte Testament stammt aus der orientalischen Antike, seine jüngeren Teile aus dem östlichen Hellenismus. In dieser Welt, in der Schriftlichkeit stets eine Besonderheit war, gab es keine Darstellung geschichtlicher Vorgänge, die nicht unmittelbar interessegeleitet gewesen wäre. Aus heutiger Sicht ist kein einziges schriftliches Dokument ohne nachdrückliche Tendenzkritik verwendbar. Erst die griechischen Historiker, beginnend mit Hekataios von Milet, begannen, ihren eigenen Standort zu reflektieren und die ihnen zugetragenen Überlieferungen in Frage zu stellen.[5] Auch das ist noch weit entfernt von unserer heutigen historischen Kritik. Im Orient fehlt solche Reflexion ganz und gar.

Der Geschichtsentwurf des Alten Testaments hat zudem die Eigenart, dass er Grundlage und Ausdruck religiöser Überzeugung ist. Mit Isac Leo Seeligmann gesagt: „Für den alttestamentlichen Menschen ist die Geschichte die Denkform des Glaubens. Gott ist ihm vor allem Herr der Geschichte. Was geschieht, gilt als von Gott gewirkt, Geschichte ist Handeln Gottes."[6] Das Vergangene war in seiner Bedeutung so gegenwärtig, dass darüber die Grenze zwischen Vergangenheit und Zukunft verschwamm. Der Glaube an das Wirken Gottes ließ die Geschichte zum Maßstab der Gegenwart werden und darüber hinaus zur Erinnerung daran, wie es in Zukunft sein wird.[7] Dass in der Bibel aus Geschichten Geschichte wurde, geschah unter solchen Voraussetzungen.

Ein deutliches Zeichen ist, dass die Bibel mit der Schöpfung der Welt beginnt: einem Geschehen jenseits aller Geschichte, das aber als Teil der Geschichte erscheint und damit die Geschichte dieser Voraussetzung unterwirft. Dieser Anfang kennzeichnet das Ganze. Bei zahllosen Ereignissen gilt der Gott Jahwe als unmittelbar handelnde historische Person.

Die religiöse Dimension wird als dermaßen wirklichkeitsbestimmend wahrgenommen, dass auch die Deutung in vielen Fällen als erzähltes Geschehen daherkommt. Die Bibelwissenschaft hat lernen müssen, dass nicht nur am Anfang, sondern durchgehend nicht strikt zwischen Geschehen und Deutung getrennt wird. Die Autoren der Bibel hatten keine Scheu, etwas als tatsächlich geschehen zu begreifen und darzustellen, wenn es nach ihrer religiösen Logik geschehen sein musste. Wer die Bibel als Geschichtsquelle nutzen will, muss um diese Eigenheit wissen.

Die wichtigste dieser Prämissen war die umfassende Gerechtigkeit Gottes, ein religiöses Postulat, das für die jüdische Frömmigkeit größte Bedeutung erlangt und ihre Auffassung von der Geschichte geprägt hat. „Es ist das schwerste Ärgernis, wenn der Frevler floriert, wenn der Gerechte leidet. Denn es steht dabei immer das Prinzip auf dem Spiele [...] Jeder Einzelfall verallgemeinert sich sofort".[8] Deshalb durfte Wohlverhalten nicht ohne Lohn geblieben sein, Fehlverhalten nicht ohne Strafe. „Nie bleibt auf die Sünde die Strafe aus und nie mangelt dem Unglück die Schuld."[9] Wie die Geschichte sich ausnimmt, wenn diese Vorstellung folgerichtig umgesetzt wird, kann man der Chronik, dem jüngsten alttestamentlichen Geschichtswerk, entnehmen, wenn man diese Darstellung an den Vorlagen in den Büchern Samuel und Könige misst. Wilhelm Martin Leberecht de Wette hat das 1806 in seinen *Beiträgen zur Einleitung in das Alte Testament* systematisch getan.[10] Dabei kam ans Licht, in welchem Maße jene vielen Einzelheiten, die die Chronik über die älteren Quellen hinaus berichtet, aus theologischen Voraussetzungen gewonnen sind.[11] Seither kann die Chronik für die in ihr dargestellte Zeit nicht mehr als Quelle gelten, sondern nur für die Anschauungen jener Zeit, in der sie verfasst wurde, das heißt für die hellenistische Epoche.

De Wette entwickelte den Grundsatz der „negativen Kritik": „Es ist Pflicht des Historikers, nicht sklavisch an den gegebenen Relationen zu hängen, sondern [...] zu untersuchen, ob der Referent die Geschichte habe wahr liefern können und wollen, ob seine Berichte das Gepräge der Wahrheit tragen, oder ob Irrthümer und Partheilichkeiten in seine Relation eingegangen, und sodann zu versuchen, ob er die Falschheiten von der Wahrheit trennen könne. Aber die Resultate dieser Kritik können immer nur negative seyn, sie kann nur verwerfen, nicht das Verworfene ersetzen [...] Durch sie wird daher die Geschichte zwar geläutert und gereinigt, aber eben dadurch auch die Masse derselben verringert."[12]

Der Quellenverlust ist so unvermeidlich wie erheblich. Er betrifft nicht nur die Darstellung der Chronik, sondern – in geringerem Maße – die alttestamentliche Geschichtsdarstellung insgesamt. Ein Beispiel für viele ist Mose, die wichtigste Gestalt der Frühzeit. „Die Geschichte der Moseforschung besteht aus einer Folge von Subtraktionen", resümiert Rudolf Smend. „Unser Wissen in Sachen Mose [ist] immer mehr zu einem Nichtwissen geworden".[13] Solche Subtraktionen betreffen nicht nur die Erzählungen der Frühzeit, sondern in gar nicht wenigen Fällen sogar die im engeren Sinne historischen Bücher Samuel und Könige.

Dafür drei weitere Beispiele. (1) Ich musste feststellen, dass etliche der kurzen Notizen in den Büchern der Könige, die Feldzüge gegen die Nachbarvölker, Baumaßnahmen und Unternehmungen des königlichen Fernhandels nennen,[14] nicht quellenhaft, sondern späte Ergänzung sind, um die Könige für ihre Frömmigkeit zu belohnen oder für ihre Sünde zu strafen.[15] Diese Nachrichten galten bisher wegen ihrer Bestimmtheit als unerfunden,[16] umso mehr, als es an solchen Einzelheiten sonst bitter fehlt.

(2) In ähnlicher Weise bedarf es nicht der Archäologie, um nachzuweisen, dass Davids Großreich, das der Bibel zufolge bis an den Euphrat gereicht haben soll, eine Chimäre ist.[17] Die Liste der Eroberungen in 2 Sam 8 und der Kriegsbericht in 2 Sam 10, auf denen dieses Bild beruht, zeichnen ein Ideal, das bereits an das Geschichtsbild der Chronik herankommt.[18] Ein Blick auf die assoziative Form und auf die religiöse Färbung erübrigt alle weiteren Erwägungen zur historischen Wahrscheinlichkeit.[19]

(3) Besonders produktiv war die Phantasie der Theologen auf religiösem Gebiet. Von den Kultreformen, die die Bücher der Könige berichten, ist keine einzige historisch.[20] Das religionsgeschichtliche Interesse, das den Maßnahmen König Josias im siebten Jahrhundert entgegengebracht zu werden pflegt, hat in den alten Quellen keine Grundlage.[21] Vollends fiktiv ist die angebliche Reform König Hiskias am Ende des achten Jahrhunderts, die manchen als Schlüsselereignis gilt.[22]

Der Verlust betrifft nicht nur Einzelheiten, sondern den historischen Ablauf selbst. Wir wissen seit langem, dass ganze Epochen des biblischen Geschichtsbilds literarische Erfindungen sind. Eine Väterzeit hat es so wenig gegeben[23] wie die vierzigjährige Wanderung durch die Wüste,[24] die Einwanderung in das Land[25] und die Zeit der Richter,[26] auch wenn man diese Epochen in vielen Darstellungen noch findet. Für die Geschichtsschreibung verwertbar sind nur einzelne darin enthaltene Überlieferungen. Deren Ort aber ist nicht mit dem Ablauf der biblischen Darstellung gegeben, sondern muss erst gefunden werden, unabhängig von dem Zusammenhang, in den die späteren Verfasser sie gestellt haben.

Teilweise kann der Verlust ausgeglichen werden durch die außerbiblische Überlieferung.[27] Die wichtigsten schriftlichen Quellen sind die ägyptischen, assyrischen, babylonischen und persischen Königsinschriften,²⁸ die keilschriftliche Korrespondenz der Pharaonen der 18. Dynastie,²⁹ die assyrische Eponymenchronik³⁰ und die babylonische Königschronik.³¹ In den vergangenen Jahrzehnten sind aus dem Boden Palästinas nicht wenige Inschriften ans Licht gekommen, die den vorhandenen Bestand glücklich vermehrt haben.³² Dazu gehören auch Siegel und Bullen, von denen es inzwischen einen reichen Fundus gibt.³³ Für die nachstaatliche Zeit stehen unter anderem keilschriftliche Rechtsurkunden der jüdischen Bevölkerung Babyloniens in zunehmender Zahl zur Verfügung.³⁴ Vom Ende des fünften Jahrhunderts stammen die 1906–1908 entdeckten Papyri von der Nilinsel Elephantine bei Assuan, die einen Einblick in das Leben der dortigen jüdischen Bevölkerungsgruppe geben.³⁵ Für die hellenistische Zeit gibt es die Darstellung der Makkabäerbücher einschließlich der in ihnen verarbeiteten Quellen,³⁶ die griechischen und römischen Historiker³⁷ und die Geschichtsschreibung des Josephus.³⁸ Seit 1947 sind die Handschriften aus Qumran hinzugekommen, die einen eigenen Forschungszweig hervorgerufen haben und inzwischen vollständig veröffentlicht sind.³⁹ Wichtige Erkenntnisse für die wirtschaftliche und politische Entwicklung seit der persischen Zeit vermittelt die Numismatik.⁴⁰

Die schriftlichen Quellen werden ergänzt durch die historische Topographie⁴¹ sowie durch die Entdeckungen der Archäologie,⁴² wobei die aus Oberflächensurveys gewonnene Siedlungsarchäologie⁴³ ebenso wichtig ist wie die Erschließung einzelner Ortslagen.⁴⁴ Feldforschung und vergleichende Ethnologie vermitteln überdies Einsichten in die damaligen Lebensverhältnisse im Sinne der „longue durée".⁴⁵

Trotz dieses Materials, das zu überschauen inzwischen nicht mehr ganz leicht ist, hat der Historiker der Antike immer zu wenige Quellen. Die Reste, mit denen er arbeitet, sind in der Regel spärlich und nicht selten rätselhaft. Will er die Bruchstücke in den Zusammenhang rücken, den sie vormals gehabt haben, ist es, als solle er ein Mosaik wiederherstellen, von dem die meisten Steine verloren sind und die Anordnung der erhaltenen nicht bekannt ist.⁴⁶

Wo der Grundsatz der negativen Kritik Löcher reißt, tritt gelegentlich ein anderes Argument in die Bresche: die Unerfindlichkeit. Die in der Bibel allgegenwärtige Möglichkeit, dass Vorgänge und Einzelheiten aus theologischen Gründen erdacht sind, wird unwahrscheinlich, wenn das Berichtete den Intentionen derer widerspricht, die es erfunden haben müssten, und es in keiner Weise aus dem Gegebenen ableitbar ist.

Dafür wieder drei Beispiele. (1) Das Urbekenntnis[47] „Jahwe hat Israel aus Ägypten heraufgeführt" leitet Israels Ursprung von dem kulturell überlegenen, in vieler Hinsicht fremdartigen Ägypten her, das in Palästina auch als feindlicher Oberherr auftrat.[48] Diese Feststellung liegt dermaßen fern, dass sie schwerlich zur Gänze erdacht ist. „Es ist nicht wohl zu bezweifeln, daß diesem Bekenntnis, das einen so konkreten Inhalt hat, irgendein geschichtlicher Vorgang zugrunde liegt".[49] Freilich darf man ihn nicht einfach anhand der durchweg fiktiven Erzählungen des Pentateuchs mit Vorstellung füllen.[50] Mehr als die Überzeugung: „Wir Israeliten stammen aus Ägypten", gibt das Bekenntnis nicht preis. Das aber gilt sogar, obwohl bereits der älteste datierbare Beleg für den Exodus auf das babylonische Exil anspielt: „Siehe, Tage kommen, Spruch Jahwes, da wird man nicht mehr sagen: ,So wahr Jahwe lebt, der die Israeliten heraufgeführt hat aus dem Lande Ägypten!', sondern: ,So wahr Jahwe lebt, der die Israeliten heraufgeführt hat aus dem Lande des Nordens!'" (Jer 16,14–15aα).[51] Deshalb ist die Folgerung unumgänglich, dass die Überlieferung vom Auszug aus Ägypten irgendeinen historischen Realitätsgehalt hat.

(2) Das zweite Beispiel ist der ägyptische Name des Mose, der sich von der ägyptischen Wurzel *mśj* „gebären" ableitet und so viel bedeuten kann wie: „(Der Gott N. N.) hat (ihn) geboren".[52] „Daß der für Israels Religion so entscheidend gewordene Mann keinen israelitischen Namen trug, ist eine schwerlich aus sekundären Umständen ableitbare Tatsache".[53] Aus diesem Grund ist sein Name die sicherste Nachricht, die wir von Mose besitzen.[54] Wenn die Erzählung in Ex 2,1–10 Mose Eltern aus dem Geschlecht der Leviten zuschreibt, zeigt das, dass man um die mutmaßlich ägyptische Herkunft auch wusste und sie als Problem empfand. Die Erzählung lässt Mose nach seiner Geburt – auf die sonst unmittelbar die Namensgebung folgt – im Nil ausgesetzt worden sein,[55] um zu behaupten, dass ihm eine Ägypterin zwar den Namen gegeben habe, Moses leibliche Mutter aber eine Levitin gewesen sei. Wieder kommen wir nicht in die frühe Zeit zurück;[56] denn die Erzählung benutzt die aus neuassyrischen Quellen bekannte Sargon-Sage als Matrix.[57] Sie kann deshalb nicht vor dem achten Jahrhundert entstanden sein.

(3) Das dritte Beispiel ist der Tempelbau Salomos. Die sichtliche Mühe, die die späten Verfasser der Bibel damit hatten, dass nicht David selbst, sondern sein Sohn den Tempel errichtet haben soll, zeigt, dass man die Überlieferung anders erfunden hätte, wäre sie zur Gänze erfunden.[58] Das schließt nicht aus, dass der Bericht vom Bau des Tempels in 1 Kön 6–8 weitgehend aus der Zeit des zweiten Tempels stammt und die damaligen Verhältnisse wiedergibt.

Der Zeitraum der Geschichte

Die zweite Grundfrage, der sich jeder Entwurf einer Geschichte zu stellen hat: Über welchen Zeitraum soll die Darstellung sich erstrecken? Wie erfassen wir Epochen, wo setzen wir die Zäsuren? Die Entscheidung ist unumgänglich, und sie hat erhebliche Folgen. Ich mache dafür einen Vorschlag, der das zuvor Gesagte aufnimmt: Wenn die Geschichte Israels als Deutung der Bibel angelegt wird, sollte es die Literaturgeschichte sein, die den zeitlichen Rahmen vorgibt. *Die Geschichte, über die wir handeln, ist jener Zeitraum, in welchem das Alte Testament entstanden ist.*

Das klingt einfacher, als es ist. Der Zeitraum, in dem das Alte Testament entstanden ist, ist nicht der Zeitraum, den es selbst beschreibt oder zu beschreiben vorgibt. Im Alten Testament endet die Darstellung mit der Einführung der Tora durch Esra und dem Mauerbau Nehemias in der Mitte des fünften Jahrhunderts.[59] Ebenso weit reicht die heute maßgebende Darstellung in englischer Sprache, *A History of Ancient Israel and Judah* von Maxwell Miller und John Hayes.[60] Siegfried Herrmann, der eine *Geschichte Israels in alttestamentlicher Zeit* geschrieben hat, zieht den Faden bis zum Beginn des Hellenismus.[61] Aber die „alttestamentliche Zeit" schließt, genau genommen, auch die jüngsten Schriften mit ein. Viele Anzeichen sprechen dafür, dass die zweite Hälfte des zweiten Jahrhunderts v. Chr. für die Literatur des Judentums eine besonders fruchtbare Phase gewesen ist, die sich auch auf die biblischen Schriften noch ausgewirkt hat. Sicher in diese Zeit gehört das Buch Daniel, wie schon der Neuplatoniker Porphyrios (234–vor 305 n. Chr.) gesehen hat, weil die Erzählung, die vorgibt, während des babylonischen Exils zu spielen, sich in Wahrheit auf die Vorgänge unter Antichous IV. Epiphanes (175–

164 v. Chr.) bezieht.[62] Suchen wir unter dieser Voraussetzung nach einer Zäsur, bietet sich die Einnahme Jerusalems durch Pompejus im Spätherbst 63 v. Chr. an, mit der die im zweiten Jahrhundert neu gewonnene Souveränität des judäischen Königtums wieder verloren ging. Ein tiefer kulturgeschichtlicher Einschnitt war das freilich nicht, und ohne einen Ausblick auf die letzte Zeit des zweiten Tempels, die mit dessen Zerstörung im Jahre 70 n. Chr. endete, wird man eine Geschichte des antiken Judentums nicht abschließen können.

Ein pragmatisch gewähltes Ende widerspricht einer teleologischen Auffassung der Geschichte. Das ist bei der Geschichte Israels nicht selbstverständlich. Es war ja im Alten Testament, in seinen prophetischen und apokalyptischen Teilen, dass die Geschichte eine eschatologische Dimension gewann. Die religiöse oder geschichtsphilosophische Überzeugung, dass die Geschichte auf ein Ziel zuläuft, ist nicht zum wenigsten eine Wirkung der Bibel.[63] Der Historiker sollte sich indessen solcher Urteile enthalten. Das bedeutet nicht, auf eine entwicklungsgeschichtliche Deutung zu verzichten. Die Entwicklung entscheidet sich aber nicht vom Ende her, sondern vollzieht sich im Verlauf.

Deshalb scheint mir ein Abschluss, wie er zum Beispiel in Wellhausens *Israelitischer und jüdischer Geschichte* mit dem Kapitel „Das Evangelium" zu finden ist, nicht wiederholbar.[64] Wellhausen selbst hatte zunehmend Mühe damit.[65] Es lag ihm fern, die Geschichte als Fortschritt aufzufassen: „Die Stufen der Religion, wie die Stufen der Geschichte überhaupt, bleiben neben einander bestehn."[66] Widerspruch verdient vollends eine negative Teleologie, wie Martin Noth sie in seiner *Geschichte Israels* entworfen hat, deren vorletztes Kapitel den Titel trägt „Die Ablehnung des Christus": „Jesus selbst mit seinem Wort und Werk gehörte nicht mehr zur Geschichte Israels. An ihm fand die Geschichte Israels vielmehr ihr eigentliches Ende."[67] Genau besehen ist die Vorstellung, die Geschichte Israels habe ein Ende gefunden, der Preis dafür, dass Noth dieser Geschichte Offenbarungsqualität zuschreibt, wenn er davon spricht, „daß im Zentrum der Geschichte ‚Israels' Erscheinungen begegnen, für die es keine Vergleichsmöglichkeiten mehr gibt, und zwar nicht deswegen, weil dazu bislang noch kein Vergleichsmaterial zur Verfügung steht, sondern weil nach allem, was wir wissen, dergleichen Dinge in der sonstigen Völkergeschichte überhaupt nicht begegnen."[68] Noth lässt als letztes

Kapitel und „schauerliches Nachspiel"[69] die jüdischen Aufstände des ersten und zweiten Jahrhunderts n. Chr. folgen, so dass die Darstellung mit dem Scheitern des Bar Kochba-Aufstands 135 n. Chr. schließt.[70] Diese Disposition ist von jüngeren Entwürfen übernommen worden.[71] Aber auch der Gegenentwurf von Georg Fohrer, der die Geschichte Israels über das spätantike und europäische Judentum hinaus bis zur Gründung des modernen Staates Israel weiterführt, schreibt der Geschichte eine Zielstrebigkeit zu, die über das Erfahrbare hinausgeht.[72] Ein pragmatischer Abschluss ist solchen Entwürfen jedenfalls vorzuziehen.

Für die Anfänge ist noch deutlicher, dass die Zeit, die das Alte Testament beschreibt, nicht die Zeit ist, in dem es entstand. Sieben der neun Geschichtsbücher, mit denen die Bibel einsetzt, schildern eine Zeit vor dem Aufkommen des Königtums: die fünf Bücher des Pentateuchs und die Bücher Josua und Richter. Auf die mythische Urgeschichte folgt ohne Umstände die Zeit der Väter, in der Israel und seine Stämme aus der anfänglichen Menschheit hervorgegangen sein sollen. Das kann unter historiographischem Gesichtspunkt kein sinnvoller Anfang sein. Wellhausen bemerkt: „Die Geschichte eines Volkes läßt sich nicht über das Volk selber hinausführen, in eine Zeit, wo dasselbe noch gar nicht vorhanden war."[73] „Über die Patriarchen ist hier kein historisches Wissen zu gewinnen, sondern nur über die Zeit, in welcher die Erzählungen über sie im israelitischen Volke entstanden; diese spätere Zeit wird hier, nach ihren inneren und äußeren Grundzügen, absichtslos ins graue Altertum projicirt und spiegelt sich darin wie ein verklärtes Luftbild ab."[74] Bernhard Stade, der vier Jahre jüngere Zeitgenosse, der auf dem Grund, den Wellhausen in den Jahren 1876–78 gelegt hatte, alsbald eine breit angelegte *Geschichte des Volkes Israel* zu schreiben begann, deren erste Lieferung 1881 herauskam, stellte den ersten Band unter den Titel „Geschichte Israels unter der Königsherrschaft",[75] zu dem als zweiter Band folgerichtig die „Geschichte des vorchristlichen Judentums bis zur griechischen Zeit" hinzukam.[76] In dieser Disposition, die 1894 in Wellhausens *Israelitischer und jüdischer Geschichte* wiederkehrt und die ich für maßstäblich halte, wird die Darstellung der vorköniglichen Zeit als Rückprojektion behandelt. Ähnlich hat später Noth unter seinen optimistischeren Voraussetzungen die Frühzeit als „Die Traditionen des sakralen Zwölfstämmebundes" beschrieben, ebenfalls ausgehend von späteren, nach seiner Auffassung noch immer vorköniglichen Verhältnissen.[77]

Der Begriff „Traditionen" unterstellt, dass in diesen Überlieferungen ein Kern von historischer Erinnerung bewahrt ist. Nach meinem Urteil muss man entschiedener sein: Es gibt Israel nur diesseits, nicht jenseits des Königtums.[78] Noch immer wird unterschätzt, in welchem Maße die Darstellung der vorköniglichen Frühzeit ein Abbild des nachköniglichen Judentums ist, also als historische Epoche fiktiv, und umgekehrt wird noch immer unterschätzt, in welchem Maße das nach königliche Judentum bis in die Einzelheiten des Kultes und der Ethik hinein eine Umbildung der höfischen Jahwe-Religion darstellt. Das Bild des Gottesvolkes Israel als einer auf den Jahwekult als seinen Mittelpunkt ausgerichteten Gruppe von Stämmen, das noch in der jüngeren Exegese beliebt war, weil es die Übertragbarkeit der biblischen Botschaft auf die Verkündigung der Kirche erleichterte, ist erst in nachköniglicher Zeit entstanden.[79] Da die Vorstellungen, in denen sich dieses Selbstverständnis äußert, unmittelbar an das Königtum und seine Gottesvorstellung anknüpfen und dessen Formen nachahmen und weiterführen, gehen sie dem Königtum nicht voran, sondern setzen sein Ende voraus.

Das bedeutet nicht, dass wir über das zehnte Jahrhundert, in dem die einschlägige Überlieferung einsetzt, nicht zurückkämen und keine Vorgeschichte schreiben könnten. Die Methode ist aber in diesem Bereich eine andere. Sie beruht weniger auf Quellen, stattdessen auf Rückschluss und Analogie.

Der Gegenstand der Geschichte

Wir haben damit bereits eine Antwort gegeben auf die dritte Grundfrage: Wessen Geschichte wollen wir schreiben? Schon der Blick auf die Titel zeigt, dass sich das nicht von selbst versteht. Wellhausens *Israelitische und jüdische Geschichte* ist etwas anderes als Noths *Geschichte Israels* oder Herbert Donners *Geschichte des Volkes Israel*.

Am deutlichsten hat Martin Noth Rechenschaft gegeben. Er beginnt mit einem Paragraphen, der lapidar „Israel" heißt. „Was ‚Israel', der Gegenstand einer ‚Geschichte Israels' gewesen sei, ist nicht so selbstverständlich und einfach, daß darüber nicht zunächst ein Wort gesagt werden müßte; und wenn diese Frage auch erst in der Darstellung der ‚Geschichte Israels' selbst eine begründete Antwort finden kann, so muß doch jedenfalls sogleich zu Anfang deutlich werden, daß hier überhaupt ein Problem vorliegt".[80] Das Problem besteht darin, dass trotz der kulturellen und sprachlichen Gemeinsamkeiten von einer einheitlichen Bevölkerung keine Rede sein kann.

Mit dieser Einschätzung hat Noth zweifellos recht. Palästina ist ähnlich wie Griechenland ein in viele unterschiedliche und mehr oder minder abgeschlossene Siedlungsgebiete zerklüftetes Land. Die Lebensbedingungen in Galiläa unterscheiden sich sehr von Judäa, die Küstenebene und das Hügelland bieten andere Voraussetzungen als das Gebirge, zwischen Ephraim und Gilead liegt der tiefe Jordangraben. Die lokale Einfärbung vieler Erzählungen des Alten Testaments und auch die Rolle, die den Stämmen in der Überlieferung zukommt, zeigen, wie sehr die Regionen das Land geprägt haben. Dass unter diesen Bedingungen größere territorialpolitische Einheiten entstanden und sich gar bei den Bewohnern ein Gemeinbewusstsein entwickelte, versteht sich nicht von selbst.

Noth fand die übergreifende Einheit, die Israel heißt, in einem Bund, von dem er annahm, dass sich zwölf Stämme zur Pflege eines zentralen Heiligtums zusammengeschlossen hätten. „Die älteste uns bekannte Bedeutung des Namens ‚Israel'" ist „die der Gesamtbezeichnung jener Zwölfstämmegruppe".[81] Indes ist die berühmte Hypothese, die Noth 1930 entwickelt hat und die zur Grundlage seines Geschichtsbilds geworden ist,[82] mittlerweile widerlegt.[83] Sämtliche Belege für das System der Zwölf Stämme[84] stammen aus der fortgeschrittenen persischen oder späteren Zeit,[85] und die griechischen Amphiktyonien eignen sich weniger zum Vergleich, als Noth annahm.[86]

Dass diese – genau besehen gewagte[87] – Hypothese zeitweilig breit akzeptiert wurde, hatte seinen Grund: Ohne sie ist die Vorstellung eines vorstaatlichen Israel kaum mehr aufrecht zu erhalten. Deshalb kann die Schlussfolgerung nur sein, dass die übergreifende Einheit, die sich mit dem Namen Israel verbindet, durch das Königtum begründet worden ist, das die Regionen unter ein gemeinsames Regiment brachte. Israel, so können wir definieren, ist jene Größe, die die Könige von Israel zwischen Jerobeam I. am Ende des zehnten Jahrhunderts und Hoschea, dem letzten König von Israel im letzten Drittel des achten Jahrhunderts, in zeitweilig stark wechselnder Ausdehnung beherrscht haben.

Wir tun gut daran, auch den ältesten bisher bekannten Beleg des Namens „Israel" als eine vorbiblische Spur desselben politischen Gebildes zu verstehen: jenes Israel, das der Pharao Merenptah auf seiner Siegesstele aus dem Jahre 1209 mitsamt weiteren palästinischen Größen bezwungen zu haben behauptet.[88] *Das Königtum ist es, mit dem die Geschichte Israels beginnt.* Auch religiös bestätigt sich diese Zuordnung: Jahwe ist „der Gott Israels", weil er der Gott der Könige von Israel gewesen ist, zuerst der Dynastie Omri, dann der Dynastie Jehu.

Was angesichts der biblischen Erzählung von der Geschichte des Gottesvolkes grundstürzend anmuten mag, ist eine einfache Folgerung aus dem Quellenbefund. Soweit die alttestamentlichen Schriften auf die ältere Zeit zurückgehen, können sie nur aus den Palast-Archiven der Könige von Israel und der Könige von Juda sowie aus den Archiven der königlichen Heiligtümer stammen. Das gilt ausnahmslos, nicht nur für die historischen Erzählungen und die Annalen, sondern auch für Gesetze, Gebete und kultische Rituale, Weisheitslehren und Prophetenworte. Jene Propheten, deren Aussprüche schriftlich festgehalten worden sind und dadurch später in den biblischen Traditionsstrom einfließen konnten, waren keine Gegner der Könige, sondern aßen deren Brot.[89] Die Vorstellung, dass am Anfang bestimmter biblischer Bücher so etwas wie Oppositionsliteratur gestanden habe, ist von vornherein unwahrscheinlich.[90] In welchem Archiv hätten solche Schriften überdauern sollen?

Es war wie überall im alten Vorderen Orient: Schriftkundig waren wenige Fachleute, die man am Hof und seinem Heiligtum suchen muss. Sie mussten für ihre Kunst bezahlt werden. Das Material, auf dem sie schrieben, war kostbar.[91] Die klimatischen Bedingungen Palästinas führten dazu, dass verloren ging, was nicht nach einigen Jahrzehnten neu geschrieben wurde. Auf die Dauer blieb nur erhalten, was aktuelles Interesse fand. Die Archive wurden bei den Eroberungen durch Assyrer und Babylonier zerstört. Anders als Tontafeln, das Schreibmaterial für die Keilschrift, die in einer Feuersbrunst gehärtet wurden, gingen Papyrus und Leder, auf denen die Texte in hebräischer Alphabetschrift geschrieben waren, in Flammen auf. Was nicht zerstört wurde, ist verrottet. Der schmale Kern des Alten Testaments sind jene Reste, die in der nachexilischen Zeit den Theologen und Schreibern als Grundlage dienten, um den Verlust des Königtums zu deuten, die Folgen dieses Verlusts zu verwinden und dem entstehenden Judentum eine geschichtliche Identität zu verschaffen.

Selbst die fiktive Erzählung, mit der das nachkönigliche Israel sich eine vorkönigliche Geschichte geschaffen hat, zeigt in vielen Einzelheiten, wie bestimmend das Königtum gewesen und geblieben ist. Das liegt auf der Hand für die Zeit der Richter, die als Epoche von der deuteronomistischen Redaktion im sechsten Jahrhundert entworfen worden ist, um die Hoffnung auf die Wiederkehr des Königtums zu stützen und dringlich zu machen. „Damals war kein König in Israel. Ein jeder tat, was ihn recht dünkte" (Ri 17,6). Die Richter sind nach dem Muster der Könige geschildert. Sie regieren Israel und besiegen dessen Feinde.[92] Ihre Amtszeit ist datiert. Sie stehen in Amtsfolge und erhalten ein offizielles Begräbnis. Was ihnen zum Königtum fehlt, ist nur die Dynastie. Dieser Mangel wird durch Quantität ausgeglichen: Die Richter können dreißig oder siebzig Söhne und Enkel haben, die in königlicher Würde auf Eseln reiten, und dreißig Töchter, die zu diplomatischen Heiraten vergeben werden (Ri 8,30; 10,4; 12,9.14).

Sogar die Vorstellung der Väterzeit (Gen 12–50) ist durch das Königtum geprägt.[93] Dazu muss man nicht einmal auf die Verheißungen an Abraham und an Jakob verweisen: „Könige werden aus deinen Lenden hervorgehen" (Gen 17,6; 35,11). Anders als den Richtern gelingt den Vätern die Generationenfolge. Die Geburt der Söhne, meist mit Hilfe der Gottheit, ist eines der wichtigsten Motive. Das genealogische Moment überhaupt spielt in der alttestamentlichen Geschichtsdarstellung eine überragende Rolle – nicht als Ausdruck des Selbstverständnisses von Stämmen, sondern als Reflex des dynastischen Prinzips, das für das judäische Königtum maßgebend war und in der nachköniglichen Zeit auf das Gottesvolk übertragen wurde. Die Väter gründen Heiligtümer, wie es sonst Könige tun. Auch die Väterzeit erhält eine Chronologie. Auch für die Väter wird das Begräbnis erzählt, wie sonst nur bei Königen. Die Josefsgeschichte spielt am Hof des Pharao. Es ist nicht überraschend, dass in dem augenscheinlich jüngsten Text der Genesis, der eigentümlichen Erzählung vom Kampf der Könige (Gen 14), Abraham als Feldherr agiert.[94]

Auch Mose und Josua erhalten die königliche Titulatur des „Knechtes Jahwes" (Ex 14,31; Num 12,7–8; Dtn 34,5; Jos 2,8; u. ö.).

Als solche Knechte Jahwes führen sie das Volk aus Ägypten, durch die Wüste und in das verheißene Land. Die Art und Weise, wie Mose die Gebote Jahwes entgegennimmt, allen voran den Dekalog, folgt der Form der Offenbarungsrede, mit der die Könige ihre Erlasse proklamieren ließen, indem sie sie als Weisungen ausgaben, die sie selbst von der Gottheit empfingen: „Ich bin Jahwe, dein Gott. Du sollst ..."[95] Das Erste Gebot Ex 20,2–3; Dtn 5,6–7, das nach diesem Muster beginnt, deutet das Verhältnis zur Gottheit als exklusive Vasallität: „Du sollst keine anderen Götter haben neben mir!"

Das wichtigste im engeren Sinne historische Dokument, das wir für die Geschichte Israels besitzen, ist ein Exzerpt aus den Annalen der Könige von Israel und der Könige von Juda. Es liegt den biblischen Büchern der Könige ab Kapitel 14 zugrunde und gibt der dortigen Geschichtsdarstellung das Gerüst.[96] Beginnend um 930 v. Chr. mit den Königen Jerobeam I. von Israel und Rehabeam von Juda, bietet es die Herrscherfolge und die Chronologie bis hin zu Zedekia, dem letzten König von Juda, der sich im Jahre 586 dem babylonischen Großkönig Nebukadnezar II. ergeben musste.[97] Das Exzerpt verzahnt die Regierungszeiten der Könige von Israel und der Könige von Juda so miteinander, dass sie wie eine einzige Herrscherfolge erscheinen. Israel und Juda werden als politische Zwei-Einheit verstanden – die sie in dieser Form nie gewesen sind. Wahrscheinlich ist dieses Dokument von einem der Könige von Juda in Auftrag gegeben worden, der sich im letzten Drittel des siebten Jahrhunderts nach dem Niedergang des assyrischen Großreichs anschickte, Teile des ehemaligen Israel zu annektieren, und die Gesamt-Repräsentanz über Israel und Juda unter judäischer Führung beanspruchte. Das Exzerpt verweist für jeden König auf die „Tagebücher der Könige von Israel" oder die „Tagebücher der Könige von Juda", in denen alles Weitere zu finden sei. Diese Quellen dürften die Annalen gewesen sein. Sie sind bei der Eroberung Jerusalems oder in der darauffolgenden königslosen Zeit verloren gegangen. Doch noch das Gerippe, das auf uns gekommen ist, ist ein Glück. Es bietet das Rückgrat des Geschichtsverlaufs und lässt sich über mehrere Gelenkstellen mit der Chronologie des übrigen alten Vorderen Orients verknüpfen, die sich anhand gelegentlich erwähnter astronomischer Ereignisse in den heute üblichen Kalender umrechnen lässt.

Für die Zeit vor Jerobeam I. im zehnten Jahrhundert stehen uns nur Erzählungen und Erzählkränze zur Verfügung. Sie bieten der Vorstellung weit kräftigere Nahrung, sind allerdings mit späten, unhistorischen Ergänzungen durchsetzt und lassen sich nur ins Ungefähre datieren. Diese Quellen sind großartige, bis heute faszinierende Literatur, die in der altorientalischen Welt ihresgleichen sucht. Virtuos werden schriftstellerische Mittel eingesetzt. Der Leser soll sich mit den Figuren identifizieren. Offensichtlich drückt sich darin das Selbstverständnis jener Gesellschaftsschicht aus, die machtpolitisch und kulturell maßgebend war. Die bekanntesten Erzählungen kreisen um Saul, David und Salomo und bilden den Grundbestand für die Bücher Samuel und die ersten Kapitel der Bücher der Könige. Zuvor ist besonders die Erzählung von Abimelechs Königtum zu nennen, die im Richterbuch bewahrt geblieben ist (Ri 9), hernach für das neunte Jahrhundert die Erzählung vom Putsch, mit dem Jehu die Herrschaft der Omriden, der bedeutendsten Dynastie Israels, beendet hat (2 Kön 9–10). Nicht für den einzelnen Vorgang, wohl aber für die Strukturen, in denen die politische Macht sich entfaltet hat, sind diese Erzählungen historisch erstrangige Quellen.

Demnach wurde das israelitische Königtum von einer Ritterschaft getragen, wie man sie in der Vormoderne in vielen Teilen der Welt antreffen konnte, von Ostasien bis ins europäische Mittelalter. Noch heute gibt es, wo das staatliche Gewaltmonopol sich nicht durchsetzen lässt, das Phänomen der Warlords. Grundlage der Macht sind bewaffnete Banden, die die bäuerliche und städtische Bevölkerung einerseits beherrschen und von ihnen Abgaben einfordern, sie anderseits beschützen und, soweit ihre Macht reicht, den lebensnotwendigen Landfrieden herstellen. Aus Ägypten kennen wir eine solche Kaste von Berufsmilitärs in Gestalt der sogenannten Hyksos, einer aus Palästina-Syrien kommenden, fremdstämmigen Herrenschicht, die um 1650 in Auaris im östlichen Delta die 15. Dynastie gründete und für ein Jahrhundert die Geschicke Ägyptens bestimmte.[98] Für das spätbronzezeitliche Syrien/Palästina sind in der Korrespondenz der Pharaonen der 18. Dynastie die 'apiru bezeugt.[99] Der Begriff bezeichnet Menschen, die außerhalb des üblichen sozialen Gefüges stehen.[100] Wie es den Status des 'apiru-Sklaven gab (Ex 21,2), so konnten 'apiru sich auch zu kriegerischen Banden zusammenschließen, die als Räuber und Wegelagerer ihr Dasein fristeten.[101] Diese Banden konnten eine solche

Macht gewinnen, dass sie die Städte wie auch größere Landstriche unter ihre Botmäßigkeit zwangen. Auf diese Weise wurden die Stadtstaaten der Spätbronzezeit allmählich von Flächenstaaten abgelöst. Hier liegen im Übergang zur Eisenzeit die Ursprünge des israelitischen Königtums.

Die Anführer richteten sich Burgen ein und schlugen Wurzel in den Regionen: Abimelech in Aruma (Ri 9,31.41), Jeftah in Gilead (Ri 10,18), Saul in Gibea in Benjamin (1 Sam 11,4), David erst in Hebron (2 Sam 2,1–4; 5,1–5), später in Jerusalem (2 Sam 5,6–9; 1 Kön 2,11), Jerobeam in Sichem (1 Kön 12,25), Bascha in Tirza (1 Kön 15,33), dort zunächst auch Omri (1 Kön 16,23). Omri verlegte seinen Sitz nach Samaria (1 Kön 16,24), das von da an die israelitische Königsstadt blieb wie Jerusalem die judäische. Trotz dieser regionalen Bindung ist es falsch, diese Art der Herrschaft ein „Stammeskönigtum" zu nennen. Sie beruhte nicht auf der eingesessenen Bevölkerung, sondern war eine Adelsherrschaft auf der Grundlage von Berufskriegern. Ebenso wenig trifft die Vorstellung zu, das Königtum Sauls sei als „nationales Heerkönigtum" entstanden.[102] Vielmehr schlossen die Bewohner durch ihre Standesvertreter Verträge mit dieser Ritterkaste, wobei angesichts der drohenden Gewalt und der unumgänglichen Abgaben eine Mischung aus Zwang und Sicherheitsinteresse im Spiel war, wie es noch heute bei Schutzgelderpressungen der Fall ist.[103]

Die Anführer waren bestrebt, ihrer Herrschaft Dauer zu verschaffen, indem sie sie an den Sohn weitergaben, das heißt durch die Bildung einer Dynastie. Doch bestand immer die Gefahr, dass Rivalen auftraten und rebellierten. Die Heerhaufen konnten sich auch spalten und gegeneinander antreten. Sie rivalisierten um die Bevölkerung, wie man an dem Konflikt sehen kann, der zwischen Abimelech und Gaal ben Ebed um die Herrschaft über die Stadt Sichem ausbrach (Ri 9,26–41), oder an der Art und Weise, wie Absalom um die Gunst der Ältesten Israels buhlte, bevor er sich gegen David erhob (2 Sam 15,1–6).

Eine weiter reichende Machtentfaltung, wie sie als erstem Saul gelang, der von Benjamin aus sowohl Ephraim als auch das ostjordanische Gilead (1 Sam 11) in sein Herrschaftsgebiet einbezog (2 Sam 2,9), setzte eine größere Truppe voraus. Dafür musste es Unter-Anführer geben. Um zu verhindern, dass sie sich selbständig machten, vergab Saul die Schlüsselpositionen an Familienangehörige: Jonathan, der einen Teil der Truppe führte, war sein Sohn (1 Sam 13,2); Abner,

Sauls Feldherr, war sein Vetter oder Oheim (1 Sam 14,50); David wurde durch die Heirat mit Sauls Tochter Michal eingebunden (1 Sam 18,27). Das verhinderte nicht, dass David sich mit einer eigenen Truppe von Saul lossagte. Am Rand der Negeb-Steppe brach ein Bandenkrieg aus (1 Sam 22–27), der sich zu Davids Gunsten entschied, als Saul im Kampf mit den Philistern am Gebirge Gilboa den Tod fand (1 Sam 31).

Auch Davids Herrschaft blieb nicht unbestritten. Gegen ihn stand sein Sohn Absalom auf (2 Sam 15–19), später der Benjaminiter Scheba (2 Sam 20). Nach Davids Tod schickte sich sein Sohn Adonija an, die Thronfolge anzutreten, doch Salomo machte sie ihm streitig und hatte Erfolg (1 Kön 1–2). Um dem dynastischen Prinzip zu genügen, ließ er verbreiten, seine Mutter Bathseba sei von David schwanger geworden (2 Sam 11).[104] Salomo wiederum erlebte den Aufstand Jerobeams (1 Kön 11,26–40). Zwar konnte Salomo sich behaupten, doch als er starb, fiel die Herrschaft über den Norden Jerobeam zu (1 Kön 12,20).

Eine Konsolidierung trat erst mit dem zweiten Drittel des neunten Jahrhunderts ein, als Omri und seine Dynastie die Macht übernahmen und bald imstande waren, die Region zu dominieren (1 Kön 16,23–33). Nicht nur die Könige von Moab, sondern auch die Könige von Juda wurden zu Vasallen. In Samaria etablierte sich ein höfisches Leben mit militärischem Apparat, königlicher Rechtsprechung und königlichem Kult samt den zugehörigen Mythen. Die Bautätigkeit war bemerkenswert.[105] Eine Verwaltung entstand, die für all das die notwendigen Abgaben eintrieb. Es gab Schreiber, die zum höheren Ruhme der Könige beizutragen hatten und auch ein Archiv führten. Die religiösen Muster, die für die Stabilisierung des Königtums notwendig waren, zeigen nordwestlichen Einfluss. Der Wettergott Jahwe trat in den Mittelpunkt[106] und schob das übrige kanaanäische Pantheon in den Hintergrund.[107]

In der zweiten Hälfte des neunten Jahrhunderts führte der Aufstieg der Könige von Aram/Damaskus, die zeitweilig in der Lage waren, ihre Macht bis in die Jesreelebene auszudehnen, das israelitische Königtum an den Rand des Untergangs. Doch im achten Jahrhundert kam es unter Jerobeam II. zu einer zweiten Blütezeit (2 Kön 14,25a), die auch archäologisch verbürgt ist. Nach seinem Tod fiel binnen weniger Jahrzehnte das israelitische Königtum der Westexpansion der assyrischen Großkönige zum Opfer (2 Kön 17,9). Das Land wurde zur assyrischen Provinz Samerina. Ein großer Teil der Bevölkerung wurde deportiert.[108]

Seither verlagerte sich der Schwerpunkt nach Juda. Im letzten Drittel des achten Jahrhunderts begann im Schatten Assurs der Aufstieg Jerusalems, gewiss auch unter Mitwirkung der aus dem Norden geflohenen Aristokratie. Die Stadt wuchs an und dehnte sich auf den Westhügel aus. Die Blütezeit wurde unterbrochen durch den Aufstand Hiskias, in dessen Folge Sanherib 701 Juda eroberte und niederwarf.[109] Der Großkönig ließ den Davididen aber auf dem Thron, und alsbald kam das Land unter der *Pax Assyriaca* wieder zu Kräften. Als Assur im letzten Drittel des siebten Jahrhunderts zusammenbrach, begannen die Könige von Juda, bewusst das Erbe auch Israels anzutreten, mit erheblichen Folgen für das Selbstverständnis des späteren Judentums. Sie propagierten die politische,[110] religiöse[111] und kultische[112] Einheit von Nord und Süd. Zum Ende des Jahrhunderts aber geriet Juda zwischen die Fronten der unter Nebukadnezar rasch expandierenden Neubabylonier, die von Norden her nach der Herrschaft über die levantinische Landbrücke griffen, und der Pharaonen der 26. (saitischen) Dynastie, die sich von Süden her das Erbe Assurs in der Levante sichern wollten.[113] Die Könige von Juda wurden wechselweise Vasallen der einen oder der anderen Seite, konnten aber nicht so schnell die Fahne wechseln, wie die Kräfteverhältnisse hin und her wogten.[114] Im Jahre 597 wurde Jojachin das Opfer einer ersten Strafexpedition. Nebukadnezar deportierte ihn und seinen Hofstaat nach Babylon (2 Kön 24,10.12a. 15a). Im Jahre 586 folgte die Deportation Zedekias (2 Kön 25,6–7bβγ). Der von Nebukadnezar eingesetzte Vasall Gedalja fiel bald darauf einem Mordanschlag zum Opfer (2 Kön 25,25). Damit fand die Geschichte der Könige von Israel und Juda ihr Ende, und seither versiegen die Quellen.

Die Bedeutung der Geschichte

Dieses Ende war der Anfang. Die Geschichte Israels ist jener Abschnitt in der Geschichte des Altertums, in dessen Verlauf sich auf dem Boden des alten Vorderen Orients das antike Judentum herausgebildet hat. Zusammen mit dem Christentum, das aus ihm hervorging, ist das Judentum der Muttergrund der europäischen Religionsgeschichte. De Wette stellte fest: „Die Religion ist die Blüthe und Frucht der ganzen Israelitischen Geschichte, durch sie hat sich die unbedeutende Nation der Juden zum universalhistorischen Rang erhoben und alle uns zu Gebote stehende Materialien ihrer Geschichte können nur religionsgeschichtliches Interesse haben."[115] Diese Wirkung hebt Israel und Juda heraus aus dem übrigen Vorderen Orient, der nicht weniger interessant ist und viel reicher an verifizierbaren Fakten, und verleiht ihrer Geschichte einen unmittelbaren Bezug zur Gegenwart.

„Israel und das Judentum in ihrem Gegensatze" war Wellhausens Programm.[116] Er hat damit die Kernfrage der alttestamentlichen Wissenschaft benannt.[117] Der Gegensatz selbst ist oft beschrieben worden. Im Wesentlichen besteht er darin, dass die Jahwe-Religion sich so gewandelt hat, dass sie ohne das Königtum überleben konnte, das sie ursprünglich getragen hatte. Israel wurde genau das, was Noth für die Frühzeit beschrieben hat: ein sakraler Bund, der sich selbst als ethnische Einheit verstand. Dabei gab nicht die Bindung untereinander, sondern die gemeinsame Bindung an den Gott Jahwe den Ausschlag. Grundlegende Vorstellung wurde der „Bund": ein ins Religiöse übertragener Königsvertrag, in dem sich das Volk nunmehr unmittelbar, ohne den königlichen Mittler, als Vasall des Gottes verstand.[118] Die Folge war, dass jeder einzelne in nie dagewesener Weise zum religiösen Subjekt wurde.[119] Die Weltordnung, deren Wahrung, soweit sie in irdische Reichweite fiel, zuvor vor allem dem König übertragen war,[120] lag nun in der Verantwortung von jedermann. „Recht und Gerechtigkeit" als Maßstab richtigen Regiments wurden allgemeine ethische Norm und zugleich unmittelbarer Ausdruck religiösen Verhaltens.[121] Daneben kam der Opferkult nicht zu kurz. Er wurde sogar zunehmend wichtiger. Das tägliche Morgen- und Abendopfer am Tempel durfte nicht ausfallen. Die Religion wurde um ihrer selbst willen bedeutsam.

Sie wurde an Stelle des Politischen zum Ausdruck der Identität. Darum fand sie noch andere Formen als den Kult, zumal die Mitglieder dieses Bundes seither weltweit zerstreut lebten. Das Brauchtum wurde zum ethnisch-religiösen Erkennungs- und Bewährungszeichen: Sabbat und Beschneidung, Speisevorschriften und Reinheitsgebote. Der Festkalender schloss nicht nur Hochfeste am Tempel und Wallfahrten ein, sondern auch Anlässe, die in der häuslichen Gemeinschaft begangen wurden. Besondere Bedeutung gewann das persönliche und das gemeinschaftliche Gebet.

Die Ursachen für diesen religionsgeschichtlichen Wandel werden wir niemals zur Gänze ergründen. Er gehört zu den überraschenden, in einem gewissen Grade unableitbaren Erscheinungen, die es in der Geschichte gelegentlich gibt. Dabei tun wir gut daran, nicht mit einem schlagartigen Wechsel, sondern mit vielerlei Ursachen und Übergängen zu rechnen.[122]

Indes verstehen wir neuerdings einige Faktoren vermutlich besser, und davon soll nun noch die Rede sein. Zunächst: *Das* Judentum hat es nie gegeben, von Anfang an nicht. „Die Verhältnisse im nachstaatlichen Juda dürften [...] sehr viel differenzierter gewesen sein, als man für gewöhnlich meint, und ob das biblische Judentum darin von Anfang an eine führende Rolle spielte, wird man eher bezweifeln müssen."[123] Die Geschichte des Judentums ist nicht nur eine Geschichte äußerer Anfeindungen, sondern auch innerer Konflikte. Womöglich haben gerade die innerjüdischen Sonderungen zur Ausprägung das Meiste beigetragen.

Ein Beispiel dafür ist die Auseinandersetzung zwischen den Judäern, die es im sechsten Jahrhundert nach Babylon verschlagen hat (der „Golah"), und denen, die in Juda geblieben sind. Als Folge dieses Konflikts ist die Vorstellung vom „babylonischen Exil" entstanden. Das Alte Testament behauptet in seiner späten Darstellung der Geschichte, dass bei den Eroberungen in den Jahren 597 und 586 v. Chr. das gesamte Gottesvolk deportiert worden sei (2 Kön 24,14; 25,11. 21). Das Land habe siebzig Jahre lang brachgelegen (2 Chr 36,21; Jer 25,11; 29,10; Dan 9,2; Sach 1,12; 7,5), bis Kyros die Rückwanderung erlaubt habe, damit der Tempel wiederaufgebaut würde (2 Chr 36,22–23; Esr 1,1–3). Diese Darstellung ist unhistorisch.[124] Anders als die Assyrer haben die Babylonier keine Massendeportationen vorgenommen.[125] Die Besiedlung ging zwar stark zurück,[126] aber die Kontinuität im Lande blieb gewahrt. Es gab weiterhin eine Oberschicht, die in der Lage gewesen ist, die literarischen Überlieferungen, soweit sie erhalten geblieben waren, auf die veränderten Lebensverhältnisse zu beziehen. Die damals entstandenen Schriften beruhen im Kern auf den Archivalien aus der Königsburg und dem Tempel. Deshalb können sie nur in Juda geschrieben worden sein.

Unter welchen Bedingungen ein Teil der jüdischen Bevölkerung in Babylon tatsächlich gelebt hat, darüber wissen wir etwas mehr, seit sich nicht wenige keilschriftliche Urkunden gefunden haben, die sich dieser Gruppe anhand der Eigennamen zuordnen lassen.[127] Diese Juden wahrten in einem gewissen Maß ihre Eigenart, assimilierten sich aber zugleich an ihre Umgebung, ganz ähnlich wie es ein Jahrhundert später in den aramäischen Elephantine-Papyri auch für Ägypten belegt ist. Es wird mit der übrigen Bevölkerung gehandelt, es gibt vielerlei Rechtsgeschäfte und auch Eheschließungen. Der exklusive Jahwe-Glaube, wie ihn das Alte Testament propagiert, ist unbekannt.

Die Behauptung, alle Judäer seien deportiert worden, soweit sie nicht geflohen oder zugrunde gegangen seien, und erst zur Zeit des Kyros habe mit der Rückkehr aus Babylon das Leben im Lande wieder begonnen, kann erst im fünften Jahrhundert aufgekommen sein, als die Erinnerung an die tatsächlichen Vorgänge verblasst war. Sie will den in Juda Verbliebenen bestreiten, legitime Erben der religiösen Tradition gewesen zu sein.[128] Wir meinen heute zu sehen, dass am Ursprung auch dieser Auseinandersetzung das Königtum gestanden hat, nämlich die Spaltung der David-Dynastie in einen babylonischen und einen judäischen Zweig, die durch die Deportation Jojachins und seines Hofstaats zehn Jahre vor dem Untergang verursacht worden ist. Literarisches Indiz ist die Notiz am Ende des zweiten Königebuchs, dass Jojachin durch Amel-Marduk, den Nachfolger Nebukadnezars, im Jahre 562 freigelassen wurde. Sie stammt nicht mehr aus den Annalen der Könige von Juda, sondern wurde später hinzugefügt. Behauptet wird überdies, dass der Großkönig den judäischen Exil-König privilegiert habe.[129] Im Gegenzug wurde Zedekia, der in Jerusalem anstelle von Jojachin auf den Thron kam, nachträglich als Feigling gezeichnet, der vor Nebukadnezar Reißaus genommen habe. Zedekia soll nicht nur, wie in der älteren Fassung, verurteilt und deportiert worden sein; nach dieser Darstellung wurden alle seine Söhne getötet und er selbst durch Blendung handlungsunfähig gemacht. Behauptet wird, dass der judäische Zweig der Davididen ausgelöscht worden sei.[130]

Wenn den in Juda verbliebenen Davididen auf solche Weise nachträglich die Existenz bestritten wurde, folgt daraus, dass es sie weiterhin gegeben hat. Unter der Prämisse des dynastischen Prinzips ist es zu einem Rangstreit gekommen, in dem der babylonische Zweig seine

Lesart durchsetzen konnte. Da im Rahmen des persischen Großreichs ein judäisches Königtum nicht mehr zustande kam, blieb der Streit letzten Endes gegenstandslos. Stattdessen wurde er zur Sache der schreibkundigen Theologen, die das Erbe der ehemaligen Höflinge antraten. Eine Gruppe von ihnen muss im fünften Jahrhundert nach Juda zurückgekehrt sein und konnte angesichts der dort herrschenden, bescheidenen Verhältnisse bestimmenden Einfluss gewinnen. Diese Theologen haben den religiösen Schriften ihren Stempel aufgeprägt. Das Prophetenbuch Jeremia wurde so überarbeitet, als sei nach der Eroberung keine nennenswerte Bewohnerschaft im Land mehr geblieben. Das Leben soll erst wieder mit der Rückkehr der Exulanten begonnen haben.[131] Das Ezechielbuch, dessen Datierungssystem sich auf die Deportation Jojachins im Jahre 597 v. Chr. bezieht, ist das Manifest dieser Position geworden.[132]

Der Anspruch der Golah-Theologen richtete sich auf den Tempel in Jerusalem. Folgerichtig beanspruchten sie, den Tempel wieder aufgebaut zu haben.[133] In dem Bericht über die Eroberung Jerusalems ist auf die Deportation Zedekias (2 Kön 25,1–7) ursprünglich unmittelbar die Einsetzung Gedaljas als des neuen Vasallen der Babylonier (V. 22–25) gefolgt. Erst von späteren Händen ist in V. 8–21 eingefügt worden, dass drei Monate nach der Eroberung der Feldherr Nebusaradan nochmals nach Jerusalem gekommen sei und die Stadt zerstört habe. Tempel und Palast seien verbrannt worden.[134] In Wahrheit wissen wir nicht, in welchem Ausmaß der Tempel von Jerusalem in Trümmern gelegen hat. Man hat neuerdings darauf hingewiesen, dass die demonstrative Zerstörung von Heiligtümern bei Eroberungen nicht üblich gewesen ist.[135]

Es sagt viel, dass die für den Kult notwendigen Geräte vor der Zerstörung des Tempels unversehrt geborgen und nach Babylon gebracht worden seien (2 Kön 25,13–17). Dieses Inventar wird dann, folgt man Esr 1,7–11; 5,14–15; 6,5, von Kyros wieder herausgegeben, so dass die Tradition des Jerusalemer Kults auf dem Umweg über das Exil bewahrt werden konnte.

Die Nachrichten vom Wiederaufbau des Tempels sind nicht von der Art, dass man mit ihnen Geschichte schreiben kann. Das Buch Haggai schildert, dass der Bau im zweiten Jahr des Darius (520 v. Chr.) begonnen worden sei (Hag 1,1; 2,1.10; Sach 1,1.7). Diese Datierung hat sich als redaktionelle Zufügung erwiesen. Sie stimmt in der Tendenz mit der chronistischen Geschichtsschreibung überein, die Vorstellungen wiedergibt, die man in hellenistischer Zeit gehabt oder erst entwickelt hat.[136] Nach Esr 6,15 wurde der Bau im sechsten Jahr des Darius (515 v. Chr.) vollendet. Das ist schwerlich historisch zu nehmen. Am kühnsten ist die im Buch Esra aufgestellte Behauptung, Kyros der Große habe sogleich in seinem ersten Regierungsjahr (539 v. Chr.) den Befehl zum Wiederaufbau erteilt (2 Chr 36,22–23; Esr 1,1–3; 5,13–6,5). Damit ist nicht weniger behauptet, als dass das persische Weltreich um des jüdischen Tempels willen entstanden sei. Die dafür angeführten aramäischen Dokumente erweisen sich als nicht authentisch. Sie geben die Sicht der hellenistischen Zeit wieder.[137] Die nähere Lektüre des Buches Esra vermittelt hingegen den Eindruck, dass zunächst nur die Übernahme des Heiligtums durch die Rückkehrer aus Babylon sowie die Privilegierung durch den persischen Großkönig geschildert werden sollte (Esr 7–8), dem erst später in Esr 1–6 der Wiederaufbau vorausgeschickt wurde. Weil der Perserkönig den Wiederaufbau des Tempels veranlasst haben soll, wurde ihm folgerichtig auch die Rolle des königlichen Knechts Jahwes zugeschrieben, die im Buch Deuterojesaja ursprünglich auf das Gottesvolk Jakob/Israel übertragen worden ist. Kyros wurde zu einem Davididen ehrenhalber.[138]

Die Quellenlage für die persische Zeit ist dürftig. Mehr als für andere Epochen sind wir auf die Ergebnisse der Archäologie angewiesen. Sie zeigen, dass Juda nur spärlich besiedelt und von geringer Ausstrahlung war.[139] Der im Buch Nehemia enthaltene Bericht, wie die Stadtmauer Jerusalems ab 445 v. Chr. mit Billigung des Großkönigs Artaxerxes wieder instandgesetzt wurde, könnte zugleich die Formierung der persischen Provinz Jehud widerspiegeln.

Der Wiederaufbau fand aber nicht nur in Jerusalem statt. Gegen Ende des fünften Jahrhunderts ist auf dem Garizim bei Sichem ein großes Heiligtum nachweisbar. Es wurde in den Grabungen der letzten Jahrzehnte archäologisch erschlossen.[140] Dieser Tempel, der zum kultischen Mittelpunkt der samaritanischen Juden geworden ist, besaß in der persischen und hellenistischen Zeit erhebliche Bedeutung, bis er um 110 v. Chr. durch Johannes Hyrkanus zerstört worden ist.[141] Er muss für den Jerusalemer Tempel eine wirksame Konkurrenz gewesen sein. In Jerusalem reagierte man mit heftiger Polemik gegen „Ephraim", die sich in den Büchern Hosea und Jesaja findet und die im Buch

Jesaja mit einer leidenschaftlichen Werbung für den Zion einhergeht. Gleichwohl übernahmen auch die Samaritaner die Tora und hatten damit an derselben Tradition wie Jerusalem Anteil, die die entschiedene Hinwendung zu dem Gott Jahwe zur Pflicht machte und religiöse Praxis und Ethik aufs engste miteinander verband. Das Buch Deuteronomium könnte sogar einen Teil der Entwicklung, die zu seiner späteren Gestalt führte, im Norden erfahren haben. Denn warum ist die strenge Verpflichtung zum Gehorsam in Dtn 27 auf den Bergen Garizim und Ebal inszeniert?[142]

Im Laufe der persischen Zeit wuchs die Bedeutung Jerusalems wieder an. Das wird überraschenderweise gerade durch einen Zweig des Judentums bezeugt, der abseits der religiösen Maßstäbe gestanden hat, die sich in Jerusalem auszuprägen begannen: durch die jüdische Militärkolonie im oberägyptischen Elephantine. Diese ägyptischen Juden verehrten neben dem Wettergott Jahwe auch dessen Schwestergattin Anat, und sie besaßen einen eigenen Tempel. Sie befolgten also nicht die Vorschrift des Deuteronomiums, dass der Jahwe-Kult nur an einem einzigen Heiligtum legitim sei, und kannten sie vermutlich auch nicht. Das hinderte sie nicht, in Jerusalem brieflich um Unterstützung zu bitten, als sie mit der Priesterschaft des benachbarten Chnum-Tempels in Auseinandersetzung gerieten.[143] Es gab in Ägypten eine jüdische Identität, die sich nach Jerusalem ausrichtete, auch wenn sie nicht mit dem übereinstimmte, was wir aus dem späteren Jerusalem kennen.[144]

Seit der hellenistischen Zeit, als Ptolemäer und Seleukiden um die palästinische Landbrücke rivalisierten, nahm die Rolle Jerusalems als des religiösen Zentrums weiter zu.[145] Das Schriftenkorpus, das in den Händen einer – zweifellos kleinen – Gruppe im Umkreis des Tempels entstand und von ihnen studiert, kommentiert und gepflegt wurde, wurde für die Juden auch in anderen Teilen der Welt verbindlich. Am besten greifbar ist das für die bedeutende Gemeinde, die seit der ptolemäischen Zeit in Unterägypten heranwuchs. Man verzichtete dort auf einen eigenen Tempel und las die in Jerusalem entstandenen heiligen Schriften, die in Abschriften zur Hand waren. Im dritten und zweiten Jahrhundert v. Chr. ließ man diese Schriften sodann in die eigene Verkehrssprache, das Griechische, übersetzen. Diese Übersetzung, nach ihrer Entstehungslegende „Septuaginta" genannt,[146] ist später zur

Bibel der christlichen Kirche geworden und dadurch erhalten geblieben.

In Judäa selbst setzte die Konzentration auf ein zentrales Heiligtum auch zentrifugale Reaktionen frei. Der Tempel war wirtschaftlicher und politischer Mittelpunkt des Landes, und die dort ansässige Aristokratie verstrickte sich in die politischen Händel mit den seleukidischen Oberherren wie auch in die Bestrebungen nach politischer Selbständigkeit, als deren Folge seit Mitte des zweiten Jahrhunderts ein eigenes, judäisches Königtum wiedererstand. Machtpolitik und Frömmigkeit drohten in Gegensatz zueinander zu geraten. Unter diesen Bedingungen prägte sich im palästinischen Judentum ein blühendes Sektenwesen aus. Man erwartete eine alsbald bevorstehende, grundlegende Zeitenwende durch das Eingreifen Gottes und sichtete die Anzeichen, die darauf zu deuten schienen. In Form der Apokalyptik entwickelte sich eine eigene Literaturgattung, und auch die nachmaligen biblischen Schriften, vor allem die prophetischen Bücher, wurden in diesem Sinne kommentiert.

Die Gruppen unterschieden sich in der Art der Observanz. Einige von ihnen standen in heftiger Abneigung gegen die Aristokratie des Tempels und pflegten eine ausgeprägte Armenfrömmigkeit: „Gehorsam ist besser als Opfer!" (1 Sam 15,22; Ps 51,18–19). Wie es möglich war, dass Gruppen, die sich selbst als die „Armen" und die „Gerechten" verstanden, in die Lage kamen, in größerem Umfang Literatur hervorzubringen, ja sogar die Deutungshoheit über die nachmaligen biblischen Schriften zu gewinnen, bedarf noch der Erklärung. Der Sachverhalt selber ist eindeutig.[147] Man kann in diesen Gruppen die Vorläufer des rabbinischen Judentums heranwachsen sehen. Besonders gut nachvollziehbar ist die Bedeutung des Schriftstudiums für die Gemeinschaft von Qumran, deren Schriften sich seit 1947 in der Wüste Juda nordwestlich des Toten Meers gefunden haben.[148] Auch das frühe Christentum ist zunächst als eine dieser jüdischen Sekten entstanden.

Die Beispiele konnten nur einige Schlaglichter werfen, anhand welcher Faktoren eine Geschichte des biblischen Judentums zu entwerfen ist. Wegen der Quellenlage ist mehr Rückschluss und Hypothese im Spiel, als uns lieb sein kann. Gewiss können wir aber sagen, dass das Geschichtsbild, das im Alten Testament überliefert wird und das wir gewohnt sind, für das Ganze zu nehmen, die Sicht einer Minderheit darstellt. Noch diese Minderheit war keine Einheit, wie die innere Vielfalt des Alten Testaments bezeugt.

Nach und nach verfestigte sich der biblische Text. Dazu trug einerseits die Verbreitung des Judentums bei, dessen Identität daran hing, dass die religiösen Schriften im Großen und Ganzen weltweit dieselben waren. Aus diesem Grunde wurden auch jene apokalyptischen Schriften, die lediglich von Teilen des Judentums gelesen wurden, aus der Überlieferung wieder ausgeschieden. Ein letzter Impuls zur Vereinheitlichung war der Verlust des zweiten Tempels im Jahre 70 n. Chr., mit dem das Judentum seinen kultischen Mittelpunkt verlor. An dessen Stelle trat nunmehr allein die Heilige Schrift. Sofern wir die Geschichte Israels als die Entstehungsgeschichte des Alten Testaments verstehen, kommt sie nunmehr an ihr Ende und geht in die nicht minder bedeutungsvolle Wirkungsgeschichte über.

Bei all dem wird uns das Alte Testament selbst nur umso erstaunlicher. Die Spannung zwischen dem Verlauf der Geschichte, den der Historiker entdeckt, und der deutenden Darstellung, die diese Geschichte in der Bibel erfahren hat, lässt ein Wahrheitsmoment deutlich werden, das die historischen Umstände, unter denen diese Schriftensammlung entstanden ist, weit hinter sich lässt und zugleich in die Zukunft weist. Der Reichtum des Alten Testaments bleibt für alle Zeit uneinholbar.

Anmerkungen

1   J. Wellhausen, *Prolegomena zur Geschichte Israels*, Berlin ⁶1905, 365. So seit der zweiten Auflage, Berlin 1883, 389. Am 21. Mai 1891 schreibt Wellhausen an Adolf Harnack: „Die Anziehungskraft [sc. des Alten Testaments] ist freilich begreiflich; eine Religionsgeschichte wie hier hat man nicht zum zweiten male, nur muß man sie sich erst konstruiren. Aber das Konstruiren macht Spaß, man braucht nicht viel zu lesen und zu lernen. Alles ist in ein Buch zusammengedrängt; man hat überall Commentare und Concordanzen" (J. Wellhausen, *Briefe*, hg. v. R. Smend, Tübingen 2013, 207).

2   J. G. Droysen, *Briefwechsel*, hg. von R. Hübner. Zweiter Band 1851–1884, DGQNJ 26, Stuttgart u. a. 1929, 975f. (an den Sohn Gustav, Berlin, 16. Februar 1884).

3   J. G. Droysen, *Historik. Vorlesungen über Enzyklopädie und Methodologie der Geschichte*, hg. v. R. Hübner, München 1937, 35f.

4   J. Wellhausen, *Geschichte Israels. Erster Band*, Berlin 1878, 1.

5   Demetrios, Περὶ ἑρμηνείας 12, überliefert das Proömium der Γενεαλογίαι des Hekataios: Ἑκαταῖος Μιλήσιος ὧδε μυθεῖται· τάδε γράφω, ὥς μοι δοκεῖ ἀληθέα εἶναι· οἱ γὰρ Ἑλλήνων λόγοι πολλοί τε καὶ γελοῖοι, ὡς ἐμοὶ φαίνονται, εἰσίν „Hekataios von Milet erklärt folgendes: Dies schreibe ich, wie es mir wahr zu sein scheint. Denn die Reden der Griechen sind zahlreich und, wie sie mir vorkommen, zum Lachen" (FrGrHist 1 F 1a). Ein ähnlicher Vorbehalt findet sich bei Herodot I,5: ταῦτα μέν νυν Πέρσαι τε καὶ Φοίνικες λέγουσι. ἐγὼ δὲ περὶ μὲν τούτων οὐκ ἔρχομαι ἐρέων ὡς οὕτως ἢ ἄλλως κως ταῦτα ἐγένετο „Dies berichten zwar die Perser sowie die Phöniker. Ich selber freilich will nicht entscheiden, ob das alles so oder anders gewesen ist."

6   I. L. Seeligmann, Menschliches Heldentum und göttliche Hilfe. Die doppelte Kausalität im alttestamentlichen Geschichtsdenken (1963), in: ders., *Gesammelte Studien zur Hebräischen Bibel*, FAT 41, Tübingen 2004, 137–159, dort 137.

7   Vgl. Ch. Levin, *Erinnerung der Zukunft. Ein Grundzug biblischer Geschichtsschreibung*, ZThK 111 (2014), 127–147.

8   J. Wellhausen, *Israelitische und jüdische Geschichte*, Berlin ⁷1914, 203.

9   Wellhausen, *Prolegomena* (s. o. Anm. 1), 198.

10 W. M. L. de Wette, *Beiträge zur Einleitung in das Alte Testament. Erstes Bändchen. Kritischer Versuch über die Glaubwürdigkeit der Bücher der Chronik mit Hinsicht auf die Geschichte der Mosaischen Bücher und Gesetzgebung*, Halle 1806, 1–132. Wellhausen knüpft daran an: „Ich fuße durchgehens auf de Wettes kritischem Versuch über die Glaubwürdigkeit der Bücher der Chronik (Beiträge I 1806)" (*Prolegomena*, 166). Vgl. auch

R. Otto, *Kantisch-Fries'sche Religionsphilosophie und ihre Anwendung auf die Theologie zur Einleitung in die Glaubenslehre für Studenten der Theologie*, Tübingen 1909, 130: „Wellhausen sagte mir gelegentlich in Bezug auf de Wette: ‚Ein gescheiter Kerl! Was ich im alten Testamente gemacht habe, steht ja schon alles bei ihm.'" Otto nennt das „verehrungswürdigen Unsinn", gesteht freilich ein „Korn Wahrheit" zu.

11 Knapp und drastisch nachvollzogen von Wellhausen, *Prolegomena*, 198–205, in dem Abschnitt „Der göttliche Pragmatismus der heiligen Geschichte und seine Ausgeburten".

12 W. M. L. de Wette, *Beiträge zur Einleitung in das Alte Testament. Zweiter Band. Kritik der Israelitischen Geschichte*, Halle 1807, 3.

13 R. Smend, *Mose als geschichtliche Gestalt*, HZ 260 (1995), 1–19, dort 5, auch in: ders., *Bibel, Theologie, Universität*, KVR 1582, Göttingen 1997, 5–20, dort 8. Vgl. auch ders., *Das Mosebild von Heinrich Ewald bis Martin Noth*, BGBE 3, Tübingen 1959, wiederabgedruckt als: Die Methoden der Moseforschung, in: ders., *Zur ältesten Geschichte Israels. Gesammelte Studien II*, BEvTh 100, München 1987, 45–115.

14 Beispiele sind u. a. 1 Kön 9,26–28; 10,11–12.22; 22,48–50; 2 Kön 8,20–22; 10,32–33; 15,37; 24,2.

15 Vgl. Ch. Levin, *Aram und/oder Edom in den Büchern Samuel und Könige*, Textus 24 (2009), 65–84, auch in: ders., *Verheißung und Rechtfertigung. Gesammelte Studien zum Alten Testament II*, BZAW 431, Berlin/Boston 2013, 178–195.

16 Vgl. zuletzt Ch. Frevel, *Geschichte Israels*, Stuttgart 2016, 23, zu 1 Kön 22,49–50: „wirtschaftsgeschichtlich und außenpolitisch wichtige Notiz". Vorsichtiger äußert er sich S. 211.

17 Wenn man diese religiöse Idee kartographisch darstellt, entsteht ein grundlegend falscher Eindruck. So bei Y. Aharoni, *Das Land der Bibel. Eine historische Geographie*, Neukirchen-Vluyn 1984, 304.

18 A. Alt, Das Großreich Davids (1950), in: ders., *Kleine Schriften zur Geschichte des Volkes Israel II*, München 1953, 66–75, las diesen Text unbekümmert als Quelle. Hingegen erkannte M. Noth, *Überlieferungsgeschichtliche Studien*, Tübingen ³1967, 65, die redaktionelle Herkunft von 2 Sam 8 und dachte „an die redigierende Arbeit von Dtr [...], der hier [...] eine Übersicht über die außenpolitischen Erfolge Davids brachte." Auch Noth nimmt jedoch an, dass der Redaktor „nach einer Zusammenstellung auf Grund amtlichen Materials" gearbeitet habe.

19 2 Sam 8 setzt damit ein, dass die Nachricht von Davids Sieg über die Philister aus 5,25 wörtlich wiederholt wird. A. Alt, Zu II Samuel 8,1, ZAW NF 13 (1936), 149–152, dort 150, stellt fest: „Die Anfangsworte des Verses ויהי אחרי־כן ויך דוד את־פלישתים klingen wie eine sekundäre Wiederaufnahme der Schlußworte von 5,25 unter Weglassung der Ortsangaben." Er zieht jedoch die falsche Schlussfolgerung, dass das Folgende aus gegebener Überlieferung stamme. Die Nachricht wird nicht einfach wiederholt, sondern

gedeutet, und zwar gemäß der chronistischen Theologie und deren Vorstellung vom Jahwekrieg als „Demütigung" (כנע hi.) der Feinde. Dieser Sieg sei „danach" geschehen (וַיְהִי אַחֲרֵי־כֵן), nämlich nachdem David die Lade nach Jerusalem gebracht (Kap. 6) und die Absicht bekundet hat, Jahwe einen Tempel zu bauen, woraufhin der Prophet Nathan ihm die Verheißung dauernder Dynastie überbrachte (Kap. 7). Das bedeutet: In 2 Sam 8,1a wurde der bereits in Kap. 5 errungene Sieg nachträglich als Lohn des Gehorsams und als Bestätigung der Verheißung gedeutet. Daran hat sich in V. 2 die Nachricht angeschlossen, dass David auch Moab geschlagen und unterjocht habe. Die anekdotische Ausgestaltung, die dieser Sieg im heutigen Text von V. 2a erhalten hat, fehlt noch (!) in der Parallele 1 Chr 18,2. In V. 3 wird mit denselben Worten ein Sieg über Hadad-Eser von Aram-Zoba behauptet, der in V. 5 auf Aram-Damaskus ausgedehnt wird, ebenso wie in 2 Sam 10,6b.8b. 9bβ.10bff. der Aramäerkrieg zu einem umfassenden Sieg über die Aramäerstaaten erklärt wird. In 2 Sam 8,13–14 wird der Sieg über Aram (V. 5–6) zu einem Sieg über Edom, vgl. Levin, *Aram und/oder Edom* (s. o. Anm. 15), 65–84 bzw. 178–182. Die Einzelheiten in V. 7–12 über die Beute und über den Tribut des Toï von Hamath, die David dem Heiligtum gestiftet habe, sind noch später zwischenein gekommen.

20 Ein genauer Blick auf die Berichte zeigt, dass sie keine vorredaktionellen Quellen enthalten. Vgl. den Überblick bei Ch. Levin, Die Frömmigkeit der Könige von Israel und Juda, in: J. Pakkala/M. Nissinen (ed.), *Houses Full of All Good Things: Essays in Memory of Timo Veijola*, Helsinki/Göttingen 2008, 129–168, dort 142–151, auch in: ders., *Verheißung und Rechtfertigung* (s. o. Anm. 15), 144–177, dort 155–163. Die Textanalysen finden sich in: ders., Joschija im deuteronomistischen Geschichtswerk, ZAW 96 (1984), 351–371, auch in: ders., *Fortschreibungen. Gesammelte Studien zum Alten Testament*, BZAW 316, Berlin/New York 2003, 198–216; ders., Die Instandsetzung des Tempels unter Joasch ben Ahasja, VT 40 (1990), 51–88, auch in: ders., *Fortschreibungen*, 169–197; ders., Der neue Altar unter Ahas von Juda, in: S. Gillmayr-Bucher u. a. (Hg.), *Ein Herz so weit wie der Sand am Ufer des Meeres. Festschrift für Georg Hentschel*, EThSt 90, Würzburg 2006, 55–72, auch in: ders., *Verheißung und Rechtfertigung*, 196–215. Zuvor H.-D. Hoffmann, *Reform und Reformen. Untersuchungen zu einem Grundthema der deuteronomistischen Geschichtsschreibung*, AThANT 66, Zürich 1980, dessen Auffassung von der „deuteronomistischen" Redaktion allerdings zu schematisch ist. Vorsichtiger und differenziert H. Spieckermann, *Juda unter Assur in der Sargonidenzeit*, FRLANT 129, Göttingen 1982.

21 Anders u. a. R. Albertz, Why a Reform like Josiah's Must Have Happened, in: L. L. Grabbe (ed.), *Good Kings and Bad Kings*, OTS 393, London 2005, 27–46; N. Na'aman, *The „Discovered Book" and the Legitimation of Josiah's Reform*, JBL 130 (2011), 47–62; zuletzt M. Pietsch, *Die Kultreform Josias. Studien zur Religionsgeschichte Israels in der späten Königszeit*, FAT 86, Tübingen 2013.

22 Die Vorstellungen von einer hiskianischen Kultreform beruhen zur Hauptsache auf der ausführlichen Schilderung in 2 Chr 29–32. Dort wurden die wenigen Notizen in 2 Kön 18,4–7a zu einem langen Bericht erweitert, weil es die Frömmigkeit Hiskias gewesen sein soll, deretwegen Sanherib Jerusalem nicht eingenommen hat. Unter den neueren Darstellungen dieser Reform ist diejenige von R. Albertz, *Religionsgeschichte Israels in alttestamentlicher Zeit*, GAT 8, Göttingen 1992, 280–290, besonders phantasievoll. Hingegen deutet N. Na'aman, *Hezekiah's Reform in the Light of Historical and Archaeological Research*, ZAW 107 (1995), 179–195, die Reform mit guten Gründen als redaktionelle Erfindung.

23 Der gelehrteste Versuch, die Väterzeit als Epoche zu retten, stammt von A. Alt, *Der Gott der Väter. Ein Beitrag zur Vorgeschichte der israelitischen Religion*, BWANT 48, Stuttgart 1929, auch in: ders., *Kleine Schriften zur Geschichte des Volkes Israel I*, München 1953, 1–77. Er wurde von M. Köckert, *Vätergott und Väterverheißungen. Eine Auseinandersetzung mit Albrecht Alt und seinen Erben*, FRLANT 142, Göttingen 1988, widerlegt.

24 Dafür genügt ein Hinweis auf H. S. Reimarus, *Apologie oder Schutzschrift für die vernünftigen Verehrer Gottes*, Bd. 1, hg. v. G. Alexander, Frankfurt am Main 1972, 267–476: „Das III^{te} Buch. Betrachtung über die Handlungen Mosis." Aus einer früheren, heute verlorenen Fassung (geschrieben ab 1736) hat Lessing 1777 das „Dritte Fragment eines Ungenannten" veröffentlicht: „Durchgang der Israeliten durchs rote Meer", und damit beträchtliche Wirkung erzielt, vgl. G. E. Lessing, Werke 1774–1778, hg. v. A. Schilson, *Werke und Briefe Bd. 8*, Frankfurt am Main 1989, 236–246. Viele Argumente kehren 1807 wieder bei de Wette, *Kritik der Bücher Mose als Quelle der Geschichte* (Beiträge zur Einleitung II [s. o. Anm. 12], 19–408, bes. 202ff.). Versuche, die Historizität zu retten, waren vergebens, vgl. Wellhausen, *Prolegomena* (s. o. Anm. 1), 346: „Autoritäten wie Bleek Hupfeld und Knobel haben sich nun freilich durch den Schein des Historischen täuschen lassen, den der Priesterkodex hier wie in der Patriarchengeschichte mittels gelehrter Kunst zu erwecken sucht, sie haben die vielen Zahlen und Namen, die genauen technischen Beschreibungen, das strenge Einhalten der Scenerie des Lagerlebens als Zeichen urkundlicher Objektivität angesehen. Nöldeke hat dieser Kritik für immer ein Ende gemacht; eigentlich aber gebührt Colenso das Verdienst, zuerst das Gespinnst zerrissen zu haben." Vgl. Th. Nöldeke, Die s. g. Grundschrift des Pentateuchs, in: ders., *Untersuchungen zur Kritik des Alten Testaments*, Kiel 1869, 1–144, dort 108: „Das Buch will gar nicht ein Geschichtswerk sein, sondern das Geschichtliche ist nur das Beiwerk, das Gesetzliche das Wesentliche." Die Prüfung des Realitätsgehalts durch J. W. Colenso, *The Pentateuch and Book of Joshua critically examined*, Bd. 1 (von 8), London ²1862, fällt drastisch aus.

25 J. Kamlah, *Die Entstehung Israels aus archäologischer Sicht*, Welt und Umwelt der Bibel Nr. 49, Stuttgart 3/2008, 28–33, dort 30: „Innerhalb der Palästina-Wissenschaft besteht mittlerweile weitgehend Einigkeit darüber,

dass die archäologischen Befunde der Eisenzeit-I in dieser Übergangsperiode keinen umfangreichen Austausch der Bevölkerung bezeugen." Zur älteren Forschung vgl. den Bericht von M. Weippert, *Die Landnahme der israelitischen Stämme in der neueren wissenschaftlichen Diskussion*, FRLANT 92, Göttingen 1967.

26 Dass das Rahmenschema des Richterbuchs redaktionell ist, ist ein anerkannter Sachverhalt. Überlieferungsgeschichtliche Erwägungen, um dennoch an einer Richterzeit festhalten zu können, richteten sich deshalb auf die Liste der sogenannten „Kleinen Richter" in Ri 10,1–5; 12,7–15, vgl. bes. A. Alt, Die Ursprünge des israelitischen Rechts (1934), in: ders., *Kleine Schriften I* (s. o. Anm. 23), 278–332, dort 300–302; M. Noth, Das Amt des „Richters Israels" (1950), in: ders., *Gesammelte Studien zum Alten Testament II*, ThB 39, München 1969, 71–85. Doch ist die Verflechtung mit dem redaktionellen Rahmen so eng, dass die Liste höchst wahrscheinlich auf denselben literarischen Vorgang zurückgeht, vgl. Ri 3,10; 4,4; 8,30.32; 10,1; 12,7; 15,20; 16,31. Die Einzelheiten sind von den Redaktoren erschlossen oder erfunden worden. Als letztes Zeugnis, das für die Richterzeit geltend gemacht wird, bleibt das Debora-Lied Ri 5. Die formale und sprachliche Gestalt, vor allem aber, dass Ps 68 als literarische Matrix verwendet wird, stellt jedoch außer Zweifel, dass das Lied eine späte Komposition ist, einer der jüngsten Texte überhaupt in den historischen Büchern. Vgl. schon M. Vernes, *Le Cantique de Débora*, REJ 24 (1892), 52–67. 225–255; ferner M. Waltisberg, *Zum Alter der Sprache des Deboraliedes Ri 5*, ZAH 12 (1999), 218–232; Ch. Levin, Das Alter des Deboralieds, in: ders., *Fortschreibungen* (s. o. Anm. 20), 124–141.

27 Bis einschließlich der Archämenidenzeit steht dafür jetzt die sorgfältig ausgewählte Quellensammlung von M. Weippert, *Historisches Textbuch zum Alten Testament*, GAT 10, Göttingen 2010, zur Verfügung (HTAT).

28 Sie sind zusammengestellt in: O. Kaiser (Hg.), *Texte aus der Umwelt des Alten Testaments* (TUAT), Bd. I/4–6: Historisch-chronologische Texte, Gütersloh 1984–1985, 289–671; sowie in: B. Janowski/G. Wilhelm (Hg.), *Staatsverträge, Herrscherinschriften und andere Dokumente zur politischen Geschichte*, TUAT.NF 2, Gütersloh 2005.

29 J. A. Knudtzon (Hg.), *Die El-Amarna-Tafeln. Mit Einleitung und Erläuterungen*, I–II, VAB, Leipzig 1915 (EA); A. F. Rainey, *El Amarna Tablets 359–379*, AOAT 8, Kevelaer/Neukirchen-Vluyn 1978.

30 Die daraus zu gewinnenden Daten hat A. R. Millard, *The Eponyms of the Assyrian Empire: 910–612 BC*, SAAS 2, Helsinki 1994, zusammengestellt.

31 A. K. Grayson, *Assyrian and Babylonian Chronicles*, Texts from cuneiform sources 5, Locust Valley, N.Y. 1975.

32 Die deutschsprachige Standard-Edition ist J. Renz/W. Röllig, *Handbuch der althebräischen Epigraphik*, I. II/1. II/2. III, Darmstadt 1995. 2003 (HAE). Sie wird laufend ergänzt durch die „Dokumentation neuer Texte" in der *Zeitschrift für Althebraistik (ZAH)*. Eine ältere Sammlung, die auch Zeug-

nisse aus den Nachbarkulturen einschließt, ist H. Donner/W. Röllig, *Kanaanäische und aramäische Inschriften*, I–III, Wiesbaden ³1971. 1973. 1976 (KAI). Das englische Äquivalent ist F. W. Dobbs-Allsopp a. o. (ed.), *Hebrew Inscriptions: Texts from the Biblical Period of the Monarchy with Concordance*, New Haven/London 2005. Der (annähernde) Gesamtbestand der aramäischen Inschriften wird erschlossen von D. Schwiderski (Hg.), *Die alt- und reichsaramäischen Inschriften. The Old and Imperial Aramaic Inscriptions. Bd. 1: Konkordanz*, FoSub 4, Berlin/New York 2008; *Bd. 2: Texte und Bibliographie*, FoSub 2, Berlin/New York 2004.

33 W. Röllig, Althebräische Schriftsiegel und Gewichte, in: HAE II/2 (s. o. Anm. 32), 79–456; O. Lipschits/D. S. Vanderhooft, *The Yehud Stamp Impressions: A Corpus of Inscribed Impressions from the Persian and Hellenistic Periods in Judah*, Winona Lake, Ind. 2011. Bei Bullen ist die Möglichkeit, dass es sich um Fälschungen handelt, leider besonders groß.

34 L. E. Pearce/C. Wunsch, *Documents of Judean Exiles and West Semites in Babylonia in the Collection of David Sofer*, CUSAS 28, Bethesda, Md. 2014; C. Wunsch, *Judeans by the Waters of Babylon: New Historical Evidence in Cuneiform Sources from Rural Babylonia*, BaAr 6, Dresden (in Vorbereitung).

35 Maßgebende Edition: B. Porten/A. Yardeni, *Textbook of Aramaic Documents from Ancient Egypt*, I–IV, Winona Lake, Ind. 1986–1999 (TADAE); Erstausgabe E. Sachau, *Aramäische Papyrus und Ostraka aus einer jüdischen Militär-Kolonie zu Elephantine. Altorientalische Sprachdenkmäler des 5. Jahrhunderts vor Chr.*, I–II, Leipzig 1911; daraus schöpfen A. Ungnad, *Aramäische Papyrus aus Elephantine. Kleine Ausgabe*, Leipzig 1911; und A. Cowley, *Aramaic Papyri of the Fifth Century B.C.*, Oxford 1923. Neue Übersetzung: B. Porten, *The Elephantine Papyri in English*, Leiden ²2011.

36 K.-D. Schunck, *1. Makkabäerbuch*, JSHRZ I,4, Gütersloh 1980; Ch. Habicht, *2. Makkabäerbuch*, JSHRZ I,3, Gütersloh 1976. Für die Quellenkritik immer noch maßgebend ist J. Wellhausen, *Über den geschichtlichen Wert des zweiten Makkabäerbuchs, im Verhältnis zum ersten*, NGWG.PH 1905, 117–163. Zuletzt hat F. Borchardt, *The Torah in 1 Maccabees: A Literary Critical Approach to the Text*, Deuterocanonical and cognate literature studies 19, Berlin/Boston 2014, gezeigt, dass das 1. Makkabäerbuch eine religiöse Überarbeitung erfahren hat. Der ältere Text, der auf diese Weise zum Vorschein kommt, bietet eine etwas bessere Voraussetzung für den Nachvollzug der historischen Vorgänge.

37 Die Quellen sind zusammengestellt von M. Stern, *Greek and Latin authors on Jews and Judaism: Edited with Introduction, Translations and Commentary*, I–III, Jerusalem 1974. 1980. 1984.

38 Flavius Josephus, *De Bello Judaico. Der jüdische Krieg. Griechisch und Deutsch*, hg. v. O. Michel/O. Bauernfeind, I–III, München 1959–1969; Flavius Iosephus, *Antiquitatum Iudaicarum Libri I–XX, Opera I–IV*, ed.

B. Niese, Berlin 1888–1890; *Des Flavius Josephus Jüdische Altertümer.* Übersetzt v. H. Clementz, I–II, Berlin 1899.

39 Die offizielle Ausgabe ist: *Discoveries in the Judaean Desert*, 40 Bde, Oxford University Press 1955–2009. Deutsche Übersetzungen liegen vor von J. Maier, *Die Qumran-Essener: Die Texte vom Toten Meer*, I–III, UTB 1862.1863.1916, München/Basel 1995/1996; ders., *Die Tempelrolle vom Toten Meer und das „Neue Jerusalem"*, UTB 829, München/Basel ³1997; E. Lohse (Hg.), *Die Texte aus Qumran. Hebräisch und Deutsch*, Darmstadt ⁴1986; A. Steudel (Hg.), *Die Texte aus Qumran II. Hebräisch/Aramäisch und Deutsch*, Darmstadt 2001; K. Beyer, *Die aramäischen Texte vom Toten Meer*, Göttingen 1984.

40 Y. Meshorer, *Ancient Jewish coinage. Bd. 1: Persian period through Hasmonaeans. Bd. 2: Herod the Great through Bar Cochba*, Dix Hills, N.Y. 1982; *Bd. 3: Addendum I*, Dix Hills, N.Y. 1991; Y. Meshorer/Sh. Qedar, *Samarian Coinage*, The Israel Numismatic Society, Numismatic Studies and Researches 9, Jerusalem 1999. Vgl. auch L. Mildenberg, Yəhūd-Münzen, in: H. Weippert, *Palästina in vorhellenistischer Zeit*, Handbuch der Archäologie II/1, München 1988, 719–728; ders., yĕhūd und šmryn. Über das Geld der persischen Provinzen Juda und Samaria im 4. Jahrhundert, in: P. Schäfer (Hg.), *Geschichte – Tradition – Reflexion. Festschrift für Martin Hengel zum 70. Geburtstag, Bd. 1: Judentum*, Tübingen 1996, 119–146.

41 Vgl. M. Noth, *Die Welt des Alten Testaments. Einführung in die Grenzgebiete der alttestamentlichen Wissenschaft*, STö.H 3, ⁴1962, 1–95; H. Donner, *Einführung in die biblische Landes- und Altertumskunde*, Darmstadt 1976; W. Zwickel, *Einführung in die biblische Landes- und Altertumskunde*, Darmstadt 2002; W. Zwickel, *Calwer Bibelatlas*, Stuttgart 2000; S. Mittmann/G. Schmitt (Hg.), *Tübinger Bibelatlas*, Stuttgart 2001.

42 Eine Gesamtdarstellung bietet Weippert, *Palästina in vorhellenistischer Zeit* (s. o. Anm. 40). Vgl. ferner H.-P. Kuhnen, *Palästina in griechisch-römischer Zeit*, Handbuch der Archäologie II/2, München 1990.

43 Vgl. für das Westjordanland I. Finkelstein, *The Archaeology of the Israelite Settlement*, Jerusalem 1988; für das Ostjordanland J. Kamlah, *Der Zeraqōn-Survey 1989–1994. Mit Beiträgen zur Methodik und geschichtlichen Auswertung archäologischer Oberflächenuntersuchungen in Palästina*, ADPV 27,1, Wiesbaden 2000.

44 Orientierung zu den Ortslagen und Grabungen bietet das Referenzwerk von E. Stern a. o. (ed.), *New Encyclopaedia of the Archaeological Excavations of the Holy Land*, I–IV, Jerusalem 1993; V: Supplementary Volume, Jerusalem 2008 (NEAEHL).

45 Nach wie vor wichtig dafür ist G. Dalman, *Arbeit und Sitte in Palästina*, I,1. I,2. II–VII, BFChTh II 14.15.27.29.33.36.41.48, Gütersloh 1928–1942; Bd. VIII (Fragment und Gesamtregister), hg. v. J. Männchen, Berlin 2001. Die Versuche sozialgeschichtlicher Bibelauslegung sind seit den 1970er Jahren zahlreich geworden, neigen aber meist angesichts des eklatanten

Quellenmangels zu einem eher unkritischen Umgang mit der Überlieferung. Einen Überblick, der auch das quellenkritische Problem deutlich werden lässt, gibt R. Kessler, *Sozialgeschichte des alten Israel. Eine Einführung*, Darmstadt 2008.

46 Am Beispiel Mesopotamiens hat F. R. Kraus, *Nippur und Isin nach altbabylonischen Rechtsurkunden*, JCS 3, New Haven 1951, 1, gewarnt: „Moderne Versuche, altmesopotamische Geschichte zu schreiben, bestehen gewöhnlich aus einer mehr oder weniger kritischen Paraphrase solcher antiken Texte, welche sich zur Nacherzählung eignen wie z. B. assyrische Kriegsberichte, und einer mehr oder minder phantasievollen Verknüpfung überlieferter Einzeltatsachen. Nun hat uns der Zufall Gelegenheit geboten, unsere Vorstellung vom historischen Geschehen während eines kurzen Abschnittes der altbabylonischen Zeit zu kontrollieren: als uns die Briefe aus Mari einen überraschenden Einblick in die politischen Verhältnisse Mesopotamiens zur Zeit von Ḫammurabis entscheidendem Vorstoss gewährten, wurde die Unzulänglichkeit unserer Rekonstruktion des geschichtlichen Verlaufes dieser Periode augenfällig. Diese Erfahrung warnt uns eindringlich vor der bisher üblichen Methode die dürftigen und meist zeitlich weit von einander entfernten Fakten, welche sich unseren Quellen entnehmen lassen, in eine zusammenhängende Erzählung einzufügen und diese dann für die Geschichte jener Zeit zu halten, eine Simplifizierung, welche oft einer unbewussten Fälschung gleichkommen mag."

47 Der Begriff stammt von M. Noth, *Überlieferungsgeschichte des Pentateuch*, Stuttgart 1948, 52.

48 Vgl. M. Görg, *Die Beziehungen zwischen dem alten Israel und Ägypten von den Anfängen bis zum Exil*, EdF 290, Darmstadt 1997; B. U. Schipper, *Israel und Ägypten in der Königszeit. Die kulturellen Kontakte von Salomo bis zum Fall Jerusalems*, OBO 180, Fribourg/Göttingen 1999.

49 M. Noth, *Geschichte Israels*, Göttingen [10]1986, 107.

50 Die Skepsis, die Görg, *Die Beziehungen zwischen dem alten Israel und Ägypten* (s. o. Anm. 48), 126f., äußert, ist beherzigenswert.

51 Zu diesem Beleg und seinem Zeitbezug vgl. Ch. Levin, *Die Verheißung des neuen Bundes*, FRLANT 137, Göttingen 1985, 47–50. Eine eingehende Untersuchung der Exodusformel stammt von W. Groß, *Die Herausführungsformel – Zum Verhältnis von Formel und Syntax*, ZAW 86 (1974), 425–453.

52 Vgl. M. Görg, *Die Beziehungen zwischen dem alten Israel und Ägypten* (s. o. Anm. 48), 143.

53 S. Herrmann, *Israels Aufenthalt in Ägypten*, SBS 40, Stuttgart 1970, 67 Anm. 8.

54 Vgl. R. Smend, *Mose als geschichtliche Gestalt* (s. o. Anm. 13), 19f. bzw. 17.

55 Die jahwistische Redaktion (vgl. Ch. Levin, *Der Jahwist*, FRLANT 157, Göttingen 1993, 318) hat die Aussetzung nachträglich mit der Verfolgung der hebräischen Knaben begründet: „Und da sie sah, dass er schön war, ver-

barg sie ihn drei Monate. Und sie konnte ihn nicht länger verbergen." Ursprünglich zielte die Erzählung allein darauf, die mutmaßlich ägyptische Mutter gegen eine Levitin zu tauschen: „Ein Mann aus dem Hause Levi ging hin und nahm eine Tochter Levis. Die Frau wurde schwanger und gebar einen Sohn. [...] Sie nahm für ihn ein Papyrus-Kästchen, verstrich es mit Asphalt und Pech, legte das Kind hinein und setzte es aus im Schilf am Ufer des Nils. [...] Und die Tochter des Pharao ging hinab, um sich am Nil zu waschen. [...] Sie sah das Kästchen im Schilf [...] und öffnete es und sah ihn, [...] und er wurde ihr Sohn. Und sie nannte ihn Mose und sprach: Ich habe ihn aus dem Wasser gezogen." Die Namengebung war Sache der Mutter. Die allgemein übliche Abfolge lautet: „Sie gebar einen Sohn und nannte ihn." Die Erzählung lässt stattdessen auf die Geburt die Aussetzung folgen und schickt der Namengebung statt der Geburt die Adoption voraus.

56 Vgl. aber E. Blum, *Der historische Mose und die Frühgeschichte Israels*, HeBAI 1 (2012), 37–63, der zuversichtlicher ist.

57 Übersetzung in TUAT (s. o. Anm. 28), Ergänzungslieferung, Gütersloh 2005, 56f. (K. Hecker).

58 Vgl. Wellhausen, *Prolegomena* (s. o. Anm. 1), 174–176, zu Davids Vorbereitungen des Tempelbaus in 1 Chr 22–29. „Er (= David) selber hat leider dem Jahve das Haus nicht bauen dürfen, weil er zu viel Blut vergossen und große Kriege geführt hat (22,8. 28,3), aber das Verdienst an der Sache nimmt er doch noch im letzten Jahre seiner Regierung (23,1. 26,31) seinem Nachfolger vorweg" (174).

59 Esra gilt der jüdischen Tradition als der letzte Prophet und damit als der letzte autorisierte Verfasser, vgl. Bab. Talmud, Traktat Baba batra 15a: „Esra schrieb sein Buch und die Genealogien der Chronik bis auf seine eigene, die Nehemia ergänzte."

60 J. M. Miller/J. H. Hayes, *A History of Ancient Israel and Judah*, Philadelphia 1986; 2nd edition, Louisville, Ky. 2006.

61 S. Herrmann, *Geschichte Israels in alttestamentlicher Zeit*, München 1973.

62 Referiert von Hieronymus im Prolog des Danielkommentars: S. Hieronymi Presbyteri Opera I,5: *Commentariorum in Danielem libri III (IV)*, CChr.SL 75A, Turnhout 1964, 771. Ob es die Schrift Κατὰ Χριστιανῶν des Porphyrios gegeben hat, auf die dieser Verweis sich nach verbreiteter Meinung bezieht und die A. von Harnack, *Porphyrius, „Gegen die Christen", 15 Bücher. Zeugnisse, Fragmente und Referate*, APAW.PH 1916,1, Berlin 1916, zu rekonstruieren unternommen hat (dort Fragment 43[a], S. 67), ist ungewiss, vgl. P. F. Beatrice, *Le traité de Porphyre contre les Chrétiens. L'état de la question*, Kernos 4 (1991), 119–138.

63 Vgl. K. Löwith, *Weltgeschichte und Heilsgeschehen. Die theologischen Voraussetzungen der Geschichtsphilosophie* (1953), Stuttgart/Weimar 2004.

64 Das Kapitel stand in der ersten Auflage, Berlin 1894, an vorletzter Stelle (S. 308–321). Ab der dritten Ausgabe 1897 rückte Wellhausen es an den Schluss.

65 Als das Ansinnen an ihn herangetragen wurde, das Kapitel separat drucken zu lassen, wehrte er ab: „Ich bin grade mit dem 23. Kapitel gar nicht sehr zufrieden und wünsche nicht, daß es möglichst weit verbreitet wird" (*Briefe* [s. o. Anm. 1], 324, an Ernst Reimer, Göttingen 8. oder 9. November 1894). In der 7. Auflage 1914, 358, fügte er die Anmerkung hinzu: „Ich habe dies Kapitel stehn lassen, obgleich ich nur noch teilweise damit einverstanden bin."

66 Wellhausen, *Israelitische und jüdische Geschichte* (s. o. Anm. 8), 371.

67 Noth, *Geschichte Israels* (s. o. Anm. 49), 386.

68 Noth, *Geschichte Israels*, 11.

69 Noth, *Geschichte Israels*, 406.

70 Zur Kritik an diesem Geschichtsbild vgl. auch Ch. Levin, *Das Alte Testament und die Predigt des Evangeliums*, KuD 57 (2011), 41–55, dort 48f., auch in: ders., *Verheißung und Rechtfertigung* (s. o. Anm. 15), 322–339, dort 330f.

71 A. H. J. Gunneweg, *Geschichte Israels bis Bar Kochba*, ThW 2, Stuttgart 1972; H. Donner, *Geschichte des Volkes Israel und seiner Nachbarn in Grundzügen. Bd. 1: Von den Anfängen bis zur Staatenbildungszeit*, GAT 4/1, Göttingen 1984 (4. Aufl. 2007); *Bd. 2: Von der Königszeit bis zu Alexander dem Großen. Mit einem Ausblick auf die Geschichte des Judentums bis Bar Kochba*, GAT 4/2, Göttingen 1985 (4. Aufl. 2008). Bei Frevel, *Geschichte Israels* (s. o. Anm. 16), umfasst der „Ausblick" die römische Zeit und führt ebenfalls bis Bar-Kochba.

72 G. Fohrer, *Geschichte Israels. Von den Anfängen bis zur Gegenwart*, UTB 708, Heidelberg 1977.

73 Wellhausen, *Israelitische und jüdische Geschichte* (s. o. Anm. 8), 10.

74 Wellhausen, *Prolegomena* (s. o. Anm. 1), 316.

75 B. Stade, *Geschichte des Volkes Israel. Erster Band*, Berlin 1887.

76 B. Stade, *Geschichte des Volkes Israel. Zweiter Band*, Berlin 1888. In diesem Band schrieb O. Holtzmann den zweiten Teil: „Das Ende des jüdischen Staatswesens und die Entstehung des Christenthums" (S. 271–674).

77 Noth, *Geschichte Israels* (s. o. Anm. 49), 105–130. Vergleichbar in jüngerer Zeit ist die Darstellung von H.-Ch. Schmitt, *Arbeitsbuch zum Alten Testament. Grundzüge der Geschichte Israels und der alttestamentlichen Schriften*, UTB 2146, Göttingen 2005, die mit der Königszeit beginnt (S. 25–81) und im darauffolgenden Kapitel die frühere Zeit als „die die Identität ‚Israels' bestimmenden Traditionen der Königszeit" behandelt (S. 82–118).

78 K. Weingart, *Stämmevolk – Staatsvolk – Gottesvolk? Studien zur Verwendung des Israel-Namens im Alten Testament*, FAT II/68, Tübingen 2014, hat zuletzt noch einmal versucht, ein israelitisches Gemeinbewusstsein, das unabhängig vom Königtum gewesen sei, wahrscheinlich zu machen, und sich dabei natürlicherweise vor allem auf die Vätergeschichte der Genesis bezogen. Der Versuch scheitert an den Quellen. Das System der zwölf Stämme hat keine Überlieferungsgrundlage, wie man an der Notwendigkeit von Er-

läuterungen wie Ex 24,4b; Dtn 1,23; Jos 4,5.8; 1 Kön 18,31–32a; Esr 6,17 sieht. Der grundlegende Text in Gen 29–30 ist keine einheitliche Überlieferung, wie auch immer man ihn im Einzelnen analysieren mag. Es ist darüber hinaus erkennbar, dass die ursprünglichen Vätererzählungen im Milieu der Familie spielen und dass jene Züge, die das Geschehen auf eine übergreifende Ebene verlegen, später hinzugefügt worden sind, vgl. Ch. Levin, *Der Jahwist* (s. o. Anm. 55), 390f. Jakob ist erst sekundär zu Israel geworden (Gen 30,29), nicht anders als Esau nicht Edom gewesen, sondern zu Edom erklärt worden ist (Gen 25,30; 36,1.8.19).

79 Vgl. Ch. Levin, Das Gottesvolk im Alten Testament, in: Ch. Albrecht (Hg.), *Kirche,* Themen der Theologie 1, UTB 3435, Tübingen 2011, 7–35.
80 Noth, *Geschichte Israels* (s. o. Anm. 49), 9.
81 Noth, *Geschichte Israels*, 12.
82 M. Noth, *Das System der zwölf Stämme Israels*, BWANT IV 1, Stuttgart 1930.
83 Vgl. A. G. Auld, Art. Amphictyony, Question of, in: B. T. Arnold/H. G. M. Williamson (ed.), *Dictionary of the Old Testament: Historical Books*, Downers Grove, Ill./Leicester 2005, 26–32; Ch. Levin, *Art. Amphictyony*, EBR 1, Berlin/New York 2009, 1045–1047.
84 Gen 29,31–30,24 + 35,16–20; 35,23–26; 46,8–25; 49,1–27; Ex 1,2–4; Num 1,5–15.20–43; 2,3–31; 7,12–83; 10,14–28; 13,4–15; 26,5–51; 34,16–29; Dtn 27,12–13; 33; Jos 13–19; Ez 48,1–29.31–35; 1 Chr 2,1–2; 2–8; 12,25–28; 27,16–22. Vgl. auch Jos 21,4–8.9–42; Ri 1,1–35; 5,14–18; 1 Chr 6,40–48. 49–66.
85 Ch. Levin, Das System der zwölf Stämme Israels in: J. A. Emerton (ed.), *Congress Volume Paris 1992*, VT.S 61, Leiden 1995, 163–178; auch in: ders., *Fortschreibungen* (s. o. Anm. 20), 111–123.
86 Die Zwölfzahl der Beteiligten, die E. Szántó, *Die griechischen Phylen*, SAWW.PH 144,5, Wien 1902, 39–61, hervorgehoben hat, wurde als Kriterium überschätzt, wie überhaupt die Organisationsformen vielfältiger sind, als Noths Beweis voraussetzt. R. de Vaux, *Histoire ancienne d'Israël, Bd. II: La Période des Juges*, Paris 1973, 19–36, erhob deswegen Einspruch. „Nous sommes très inégalement et, généralement, très mal informés sur ces amphictyonies ou ligues analogues. La seule qui nous soit relativement bien connue dans son histoire et son fonctionnement, mais seulement à partir du VIe siècle av. J.C., est l'amphictyonie pyléo-delphique" (24). „L'emploi du mot ‚amphictyonie' à propos d'Israël ne peut qu'engendrer la confusion et donner une fausse idée des relations que les tribus avaient entre elles. Il doit être abandonné" (36). Zum jüngeren Forschungsstand vgl. K. Tausend, *Amphiktyonie und Symmachie. Formen zwischenstaatlicher Beziehungen im archaischen Griechenland*, Hist.E 73, Stuttgart 1992, 8–63.
87 Noth unterzog die Stämmelisten einer Quellenkritik mit dem Ergebnis, dass nur Gen 49; Num 1,5–15 und Num 26,5–51 als Beweisstücke blieben. Das Alter dieser Listen war aber bereits in Frage gestellt worden, unter anderen

von B. Baentsch, *Exodus–Leviticus–Numeri*, HK I 2, Göttingen 1903, 629f. In einem ausführlichen Exkurs versuchte Noth, sich gegen diese Möglichkeit zu verwahren (*Das System der zwölf Stämme Israels* [s. o. Anm. 82], 122–132).

88 Heute im Ägyptischen Museum in Kairo, Catalogue Général Nr. 34025. Neuere Übersetzungen: U. Kaplony-Heckel, *Ägyptische historische Texte*, TUAT I/6, Gütersloh 1985, 544–552; Weippert, *Historisches Textbuch* (s. o. Anm. 27), 168–171 (Nr. 066).

89 Es ist ein grundlegendes Missverständnis, in den Propheten vor allem Sozialreformer und Mahner zu sehen, die noch dazu ihre Maßstäbe für die Kritik der gegenwärtigen Verhältnisse womöglich aus einer „altisraelitischen Tradition" genommen hätten. Erst unter der Voraussetzung der späteren alttestamentlichen Theologie, dass Tora und Prophetie der Sache nach ein und dasselbe sind, trat die religiöse und ethische Forderung in den Vordergrund. Vgl. die Kritik von H.-P. Müller, *Ein Paradigma zur Theorie der alttestamentlichen Wissenschaft: Amos, seine Epigonen und Interpreten*, NZSTh 33 (1991), 112–138. Zum Quellenbefund vgl. z. B. Ch. Levin, *Das Amosbuch der Anawim*, ZThK 94 (1997), 407–436, auch in: ders., *Fortschreibungen* (s. o. Anm. 20), 265–290.

90 Anders z. B. F. Crüsemann, *Der Widerstand gegen das Königtum. Die antiköniglichen Texte des Alten Testamentes und der Kampf um den frühen israelitischen Staat*, WMANT 49, Neukirchen-Vluyn 1978. Wenn ich nichts übersehen habe, gibt es bei Crüsemann keine Erwägungen zu den äußeren Bedingungen, unter denen solche antiköniglichen Texte hätten geschrieben werden und überdauern können. Seine Deutung war schon bei ihrem Erscheinen de facto widerlegt durch T. Veijola, *Das Königtum in der Beurteilung der deuteronomistischen Historiographie. Eine redaktionsgeschichtliche Untersuchung*, AASF B 198, Helsinki 1977. Vgl. jetzt R. Müller, *Königtum und Gottesherrschaft. Untersuchungen zur alttestamentlichen Monarchiekritik*, FAT II/3, Tübingen 2004.

91 Vgl. Müller, *Ein Paradigma zur Theorie der alttestamentlichen Wissenschaft* (s. o. Anm. 89), 114: „Da die Verschriftung der prophetischen Überlieferung ein kostspieliges Unternehmen war und ‚Bücher' am ehesten von gebildeten, wohlhabenden Kreisen benutzt worden sind […], wird man […] weder den Urheber noch die Tradenten dieser Unheilsankündigung bei einer misera contribuens plebs suchen dürfen, die nach Gerechtigkeit schrie."

92 „Richten" (שפט) bedeutet so viel wie „regieren", vgl. H. Niehr, *Herrschen und richten. Die Wurzel špṭ im Alten Testament*, FzB 54, Würzburg 1986.

93 Wie tief diese Prägung geht, zeigt jetzt U. Nõmmik, *Jakob, Isaak und Lot – der Anfang. Eine literar-, motiv- und religionsgeschichtliche Studie*, Habilitationsschrift München 2016, demnächst als FAT, Tübingen 2017.

94 Die späte Entstehung von Gen 14, die Th. Nöldeke, Die Ungeschichtlichkeit der Erzählung Gen. XIV., in: ders., *Untersuchungen zur Kritik des Alten Testaments*, Kiel 1869, 154–172, aufgedeckt hat, ist allgemein anerkannt.

95 Die Selbstvorstellungsformel „Ich bin Jahwe" diente dazu, eine Verlautbarung, die im Rahmen des Kultes vorgetragen wurde, als Gottesrede zu kennzeichnen. Am besten bezeugt ist diese Formelsprache in den Orakeln, die namens der Ischtar von Arbela an die neuassyrischen Großkönige Asarhaddon und Assurbanipal ergingen. Vgl. die Übersetzung durch K. Hecker, *Zukunftsdeutung in akkadischen Texten*, TUAT II/1, Gütersloh 1986, 56–65; sowie jetzt M. Weippert, *Götterwort in Menschenmund. Studien zur Prophetie in Israel, Assyrien und Juda*, FRLANT 252, Göttingen 2014.

96 Vgl. Ch. Levin, *Das synchronistische Exzerpt aus den Annalen der Könige von Israel und Juda*, VT 61 (2011), 616–628; ders., The Synchronistic Excerpt from the Annals of the Kings of Israel and Judah, in: ders., *Re-Reading the Scriptures: Essays on the Literary History of the Old Testament*, FAT 87, Tübingen 2013, 183–193.

97 Dass es sich bei dieser Quelle um ein Exzerpt handelt, belegen die Quellenverweise. Bei jedem König findet sich der Vermerk, dass mehr über ihn in den „Tagebüchern der Könige von Israel" oder in den „Tagebüchern der Könige von Juda" zu finden sei. Der Leser wird regelmäßig auf das Archiv verwiesen, wo er die vollständige Darstellung finde. Da es sich um zwei verschiedene Quellenwerke handelt, ist den Verweisen zu entnehmen, dass die Daten der Könige von Israel und der Könige von Juda erst durch das Exzerpt zusammengeführt worden sind. Die Zweieinheit dürfte der (politische) Sinn dieses literarischen Unternehmens gewesen sein.

98 Vgl. W. Helck, *Die Beziehungen Ägyptens zu Vorderasien im 3. und 2. Jahrtausend v. Chr.*, ÄA 5, Wiesbaden 1962, 92–108; E. Hornung, *Grundzüge der ägyptischen Geschichte*, Darmstadt 1978, 67–71.

99 Vgl. bes. EA Nr. 286–290 (s. o. Anm. 29).

100 Das Phänomen wird eingehend erläutert von Weippert, *Die Landnahme der israelitischen Stämme* (s. o. Anm. 25), 66–102.

101 Der hebräische Begriff ist אֲנָשִׁים רֵיקִים „lose Leute": Ri 9,4; 11,3; vgl. 1 Sam 22,2.

102 A. Alt, Die Staatenbildung der Israeliten in Palästina (1930), in: ders., *Kleine Schriften II* (s. o. Anm. 18), 1–65, dort 24.

103 Ein Beispiel, an dem man sehen kann, in welcher Weise diese Truppen ihre Macht zur Geltung brachten, ist die Erzählung in 1 Sam 25 von David und Nabal und dessen Frau Abigajil.

104 Vgl. T. Veijola, Salomo – der Erstgeborene Bathsebas, in: J. A. Emerton (ed.), *Studies in the Historical Books of the Old Testament*, VT.S 30, Leiden 1979, 230–250, auch in: ders., *David. Gesammelte Studien zu den Davidüberlieferungen des Alten Testaments*, SESJ 52, Helsinki 1990, 84–105; engl. ders., Solomon: Bathsheba's Firstborn. Dedicated to the memory of Uriah the Hittite, in: G. N. Knoppers/J. G. McConville (ed.), *Reconsidering Israel and Judah*, Winona Lake, Ind. 2000, 340–357, auch in: ders., *Leben nach der Weisung. Exegetisch-historische Studien zum Alten Testament*, hg. v. W. Dietrich, FRLANT 224, Göttingen 2008, 101–117.

105 Vgl. I. Finkelstein, *Omride Architecture*, ZDPV 116 (2000), 114–138.
106 Zur Gottesvorstellung während der Königszeit vgl. R. Müller, *Jahwe als Wettergott. Studien zur althebräischen Kultlyrik anhand ausgewählter Psalmen*, BZAW 387, Berlin/New York 2008, bes. 236–250.
107 Omri gab seiner Tochter den Namen Atalja, und sein Sohn Ahab nannte seine Söhne Ahasja und Joram. Es sind die ersten mit Jahwe gebildeten Namen unter den Königen Israels. Von nun an werden sie bis zum Ende der Dynastie Jehu zur Regel. Dass Bascha, der vor Omri regierte (1 Kön 15,27–16,6), einen Baal-Namen getragen hat, zeigt, wie einschneidend der Wandel gewesen ist. In der frühen Königszeit trugen eine recht große Zahl von Männern aus der führenden Schicht Baal-haltige Namen. Darunter sind Jerubbaal, Vater des Königs Abimelech (Ri 9,1), Eschbaal (2 Sam 2,8.10.12) und Meribaal (2 Sam 21,8), die Söhne Sauls, Meribaal, der Sohn Jonatans (2 Sam 4,4ff.), Baana, der Mörder Eschbaals (2 Sam 4) und zwei Vögte Salomos namens Baana (1 Kön 4,12.16). Auch auf Ostraka des achten Jahrhunderts sind Baal-Namen häufig: Abibaal (Sam 1.2,4), Baal (Sam 1.12,2), Baala (Sam 1.1,7; 3,3; 29,3; 28,3; 31,3), Baalsakar (Sam 1.37,3; [39,3]), Baara (Sam 1.43,2; 45,2; 46,2; 47,1), Meribaal (Sam 1.2,7). Noch im siebten Jahrhundert sind Baalschama (Gem 3,4) und Anibaal (MHas 6,1) belegt (alle Nachweise nach HAE, s. o. Anm. 32). Hinzu kommen nicht wenige Ortsnamen, die mit Baal gebildet sind.
108 Die Eroberung, die nach 2 Kön 17,3 durch Salmanassar V. (727–722) geschah, wird in assyrischen Quellen sowohl Salmanassar als auch Sargon II. (722–705) zugeschrieben. Was tatsächlich stattgefunden hat, ist schwer zu entscheiden, vgl. die Darstellung des Problems bei Weippert, *Historisches Textbuch* (s. o. Anm. 27), 296–298: „Eine überzeugende Lösung des Problems steht jedoch noch aus" (298). Für die Debatte vgl. die monographische Untersuchung von B. Becking, *The Fall of Samaria: A Historical and Archaeological Study*, SHANE 2, Leiden 1992; sowie beispielhaft die unterschiedlichen Positionen von N. Na'aman, *The Historical Background to the Conquest of Samaria (720 BC)*, Bib. 71 (1990), 206–255, der die Eroberung Samarias allein Sargon zuschreibt, und von S. Timm, *Die Eroberung Samarias aus assyrisch-babylonischer Sicht*, WdO 20–21 (1989/90), 62–82, der zwei Feldzüge annimmt.
109 Vgl. L. L. Grabbe, *Like a Bird in a Cage: The Invasion of Sennacherib in 701 BCE*, JSOT.S 363, Sheffield 2003.
110 Der deutlichste Beleg dafür ist das synchronistische Exzerpt aus den Annalen der Könige von Israel und der Könige von Juda, s. o. Anm. 96.
111 Der Ausdruck dieses Programms ist das bekannte *Sch^{e}ma'* Dtn 6,4: „Höre, Israel, Jahwe ist unser Gott, Jahwe ist ein einziger!" Vgl. E. Aurelius, *Der Ursprung des Ersten Gebots*, ZThK 100 (2003), 1–21, dort 7.
112 Das dürfte das Ziel der Zentralisation des Kultes gewesen sein, die in Dtn 12,13ff. propagiert wird und nach 2 Kön 23,8a durch König Josia umgesetzt worden ist. Die Maßnahme richtete sich nicht gegen den örtlichen

Kult in Juda. Die Verurteilung der „Höhen", das heißt der lokalen Kultstätten, findet sich im Deuteronomium noch nicht, sondern erst in den Beurteilungen der Könige (1 Kön 15,11; 22,43; 2 Kön 12,4; 14,4; 15,4.35; 18,4; 21,3; 23,8), die aus der Zeit nach der Zerstörung Jerusalems stammen. Nach dem Ende des Königtums war die Stellung des Tempels nicht mehr unbestritten. Vgl. Levin, *Die Frömmigkeit der Könige von Israel und Juda* (s. o. Anm. 20), 165 bzw. 175.

113 Vgl. die zusammenfassende Darstellung von Schipper, *Israel und Ägypten in der Königszeit* (s. o. Anm. 48), 228–247.

114 König Jojakim wird 609 als Vasall von Pharao Necho II. eingesetzt. 605 besiegt Nebukadnezar II. die Ägypter bei Karkemisch. Daraufhin fällt 604 Jojakim von Necho ab und unterwirft sich Nebukadnezar, der im selben Jahr Aschkalon erobert. 601 aber wird Nebukadnezar von Necho an der Grenze Ägyptens zurückgeschlagen. Daraufhin fällt 601 Jojakim von Nebukadnezar wieder ab. Er stirbt, ehe Nebukadnezars Strafexpedition 597 Jerusalem erreicht. Sein Nachfolger Jojachin wird nach Babylon deportiert, und Nebukadnezar setzt König Zedekia als Vasallen ein. 595 kommt in Ägypten Pharao Psammetich II. an die Macht und tritt 592 in Palästina auf den Plan. Nach einigem Zögern fällt Zedekia 589 von Nebukadnezar ab. Die babylonische Strafexpedition erreicht 588 Jerusalem. 586 fällt die Stadt, und Zedekia wird nach Babylon deportiert.

115 de Wette, *Beiträge zur Einleitung I* (s. o. Anm. 10), 4.

116 So fasste er seine damalige Arbeit am Alten Testament am 9. Februar 1879 gegenüber Justus Olshausen zusammen (*Briefe* [s. o. Anm. 1], 55).

117 Vgl. Ch. Levin, Die Entstehung des Judentums als Gegenstand der alttestamentlichen Wissenschaft, in: Ch. M. Maier (ed.), *Congress Volume Munich 2013*, VT.S 163, Leiden 2014, 1–17.

118 Vgl. Aurelius, *Der Ursprung des ersten Gebots* (s. o. Anm. 111), 17: „Die Beschreibung der Gottesgemeinschaft als eines politischen Vertragsverhältnisses ist eine Kodifizierung des Neuen, das nach Jerusalems Fall 587 v. Chr. [...] hervorgewachsen ist".

119 Vgl. Ch. Levin, Vom Ich des Glaubens. Individuum und Gemeinschaft im Alten Testament, in: K. Hilpert/Ch. Levin (Hg.), *Authentizität und Wahrheit. Zur Rolle des Biografischen im religiösen Sprechen*, Berlin 2012, 15–36.

120 Vgl. H. H. Schmid, *Gerechtigkeit als Weltordnung. Hintergrund und Geschichte des alttestamentlichen Gerechtigkeitsbegriffes*, BHTh 40, Tübingen 1968, bes. 83–89.

121 Vgl. H. Spieckermann, Recht und Gerechtigkeit im Alten Testament, in: ders., *Gottes Liebe zu Israel. Studien zur Theologie des Alten Testaments*, FAT 33, Tübingen 2001, 119–140, dort 128: „Es gibt keinen leichten Abschied von dem Partizipationsmodell, in dem Recht und Gerechtigkeit durch den König vermittelt werden. [...] Die Katastrophe von 587/6 hat dann diesen Abschied gebracht."

122 Wellhausen, *Israelitische und jüdische Geschichte* (s. o. Anm. 8), 33: „Warum die israelitische Geschichte von einem annähernd gleichen Anfange aus zu einem ganz andern Endergebnis geführt hat als etwa die moabitische, läßt sich schließlich nicht erklären. Wol aber läßt sich eine Reihe von Übergängen beschreiben, in denen der Weg vom Heidentum bis zum vernünftigen Gottesdienst, im Geist und in der Wahrheit, zurückgelegt wurde."

123 R. G. Kratz, *Das Judentum im Zeitalter des Zweiten Tempels*, FAT 42, Tübingen 2004, 4.

124 H. M. Barstad, *The Myth of the Empty Land: A Study in the History and Archaeology of Judah during the „Exilic" Period*, SO.S 28, Oslo 1996.

125 Vgl. zum Kontrast B. Oded, *Mass Deportations and Deportees in the Neo-Assyrian Empire*, Wiesbaden 1979.

126 O. Lipschits, Demographic Changes in Judah between the Seventh and the Fifth Centuries B.C.E., in: ders./J. Blenkinsopp (ed.), *Judah and the Judeans in the Neo-Babylonian Period*, Winona Lake, Ind. 2003, 323–376.

127 Vgl. neben den oben Anm. 34 genannten Quellen den Überblicksartikel von L. E. Pearce, New Evidence for Judeans in Babylonia, in: O. Lipschits/ M. Oeming (ed.), *Judah and the Judeans in the Persian Period*, Winona Lake, Ind. 2006, 399–411.

128 Die Zahlen, die für die Exulanten genannt werden, sind allesamt fiktiv. Nach 2 Kön 24,13b–14.15b wurden schon 597 zehntausend Judäer oder gar „das ganze Jerusalem" deportiert. Diese Angaben sind literarische Zusätze, die man an dem assoziativen Stil und den Wiederholungen leicht erkennt. In Jer 52,28–30 ist eine Berechnung überliefert, nach der im Jahre 597 3023 Judäer deportiert worden seien, im Jahre 586 832 Judäer und bei einer dritten Deportation, die im Jahre 582 stattgefunden haben soll, weitere 745 Judäer. Der Abschnitt fehlt noch in der griechischen Übersetzung. Er kam erst im zweiten Jahrhundert v. Chr. hinzu.

129 Vgl. Ch. Levin, The Empty Land in Kings, in: E. Ben Zvi/Ch. Levin (ed.), *The Concept of Exile in Ancient Israel and its Historical Contexts*, BZAW 404, Berlin/New York 2010, 61–89, dort 85–87, auch in: ders., *Re-Reading the Scriptures* (s. o. Anm. 96), 195–220, dort 217–219.

130 Vgl. J. Pakkala, *Zedekiah's Fate and the Dynastic Succession*, JBL 125 (2006), 443–452; Levin, *The Empty Land in Kings*, 70–76 bzw. 204–209.

131 Vgl. K.-F. Pohlmann, *Studien zum Jeremiabuch. Ein Beitrag zur Frage nach der Entstehung des Jeremiabuches*, FRLANT 118, Göttingen 1978; sowie Levin, *Die Verheißung des neuen Bundes* (s. o. Anm. 51), 200–202.

132 Vgl. Levin, *Die Verheißung des neuen Bundes* (s. o. Anm. 51), 202–222; K.-F. Pohlmann, *Ezechielstudien. Zur Redaktionsgeschichte des Buches und zur Frage nach den ältesten Texten*, BZAW 202, Berlin/New York 1992.

133 Den Büchern der Könige, deren Grundfassung in der Mitte des sechsten Jahrhunderts geschrieben wurde, ist zu entnehmen, dass stattdessen die in Juda verbliebene Elite am Schicksal des Tempels größten Anteil genommen hat. Bei der Bewertung der Könige von Juda nehmen die Redaktoren Stel-

lung gegen die Landheiligtümer (die sogenannten „Höhen"), die nach dem Ende des Königtums drohten, dem Zentralheiligtum den Rang abzulaufen, s. o. Anm. 112.

134 Vgl. Levin, *The Empty Land in Kings* (s. o. Anm. 129), 76–82 bzw. 209–214.

135 A. Berlejung, Notlösungen. Altorientalische Nachrichten über den Tempelkult in Nachkriegszeiten, in: U. Hübner/E. A. Knauf (Hg.), *Kein Land für sich allein. Studien zum Kulturkontakt in Kanaan, Israel/Palästina und Ebirnâri für Manfred Weippert zum 65. Geburtstag*, OBO 186, Fribourg/Göttingen 2002, 196–230.

136 P. R. Ackroyd, *Studies in the Book of Haggai*, JSS 2 (1950/51), 163–176, unterscheidet die überlieferten prophetischen Worte von dem redaktionellen Rahmen. Nur dort sind die Datierungen zu finden. „It may be that the years of the prophetic activity of Haggai and Zechariah are correctly given as from about 520 B.C., but there is no guarantee that the record itself is correct as it stands" (172). „It is […] probable that the dates in Haggai (and presumably also in Zech. i–viii) are the work of the compiler of the book, and his dating may be based either on some reliable historical record, which gave the date of the rebuilding of the Temple, or on a reconstruction of history which is no more to be relied on for historical exactness than that of the Chronicler in Ezra-Nehemiah" (173). Zur Redaktionsgeschichte vgl. bes. W. A. M. Beuken, *Haggai–Sacharja 1–8. Studien zur Überlieferungsgeschichte der frühnachexilischen Prophetie*, SSN 10, Assen 1967; und M. Hallaschka, *Haggai und Sacharja 1–8. Eine redaktionsgeschichtliche Untersuchung*, BZAW 411, Berlin/New York 2011.

137 Vgl. D. Schwiderski, *Handbuch des nordwestsemitischen Briefformulars. Ein Beitrag zur Echtheitsfrage der aramäischen Briefe des Esrabuches*, BZAW 295, Berlin/New York 2000; zu Esr 7 vgl. S. Grätz, *Das Edikt des Artaxerxes. Eine Untersuchung zum religionspolitischen und historischen Umfeld von Esra 7,12–26*, BZAW 337, Berlin/New York 2004.

138 Vgl. R. G. Kratz, *Kyros im Deuterojesaja-Buch. Redaktionsgeschichtliche Untersuchungen zu Entstehung und Theologie von Jes 40–55*, FAT 1, Tübingen 1991. Kyros ist nur in Jes 44,28 und 45,1 namentlich genannt, und das im Zusammenhang mit dem Tempelbau. Man sieht die nachträgliche Ausrichtung gut im Übergang von 44,26 zu 28, vgl. Kratz, 72–92.

139 Vgl. C. E. Carter, *The Emergence of Yehud in the Persian Period: A Social and Demographic Study*, JSOT.S 294, Sheffield 1999; O. Lipschits, Achaemenid Imperial Policy, Settlement Processes in Palestine, and the Status of Jerusalem in the Middle of the Fifth Century B.C.E., in: ders./Oeming (ed.), *Judah and the Judeans in the Persian Period* (s. o. Anm. 127), 19–52; D. Ussishkin, *The Borders and De Facto Size of Jerusalem in the Persian Period*, ebd. 147–167.

140 Vgl. den Grabungsbericht von Y. Magen, *Mount Gerizim Excavations, vol. 2: A Temple City*, Judea and Samaria Publications 8, Jerusalem 2008.

141 J. Dušek, *Mt. Gerizim Sanctuary: Its History and Enigma of Origin*, HeBAI 3 (2014), 111–133, gibt einen Überblick über die Forschungslage. M. Kartveit, *The Origin of the Samaritans*, VT.S 128, Leiden/Boston 2009, stellt den Quellenbestand dar. Vgl. auch G. N. Knoppers, *Jews and Samaritans: The Origins and History of Their Early Relations*, Oxford 2013.

142 Vgl. die Erwägungen von R. Müller, The Altar on Mount Gerizim (Deuteronomy 27:1–8): Center or Periphery?, in: E. Ben Zvi/Ch. Levin (ed.), *Centres and Peripheries in the Early Second Temple Period*, FAT 108, Tübingen 2016, 197–214.

143 Vgl. die Petition an den Statthalter Bagoas von Jehud, HTAT Nr. 285 = TADAE A 4.7 (s. o. Anm. 27 und 35).

144 Vgl. dazu R. G. Kratz, *Historisches und biblisches Israel. Drei Überblicke zum Alten Testament*, Tübingen 2013, bes. 274–283.

145 Vgl. Ch. Levin, Jerusalem, in: M. Hose/Ch. Levin (Hg.), *Metropolen des Geistes*, Frankfurt am Main/Leipzig 2009, 77–101.

146 Die angeblichen Umstände der Entstehung berichtet der aus dem ersten Jahrhundert v. Chr. stammende Brief des Aristeas in §§ 83–88.100–101. 105–106, vgl. Aristeas, *Der König und die Bibel. Griechisch/Deutsch.* Übersetzt und hg. v. K. Brodersen, Reclams Universal-Bibliothek 18576, Stuttgart 2008.

147 Vgl. Levin, *Das Amosbuch der Anawim* (s. o. Anm. 89); ders., *Das Gebetbuch der Gerechten. Literargeschichtliche Beobachtungen am Psalter*, ZThK 90 (1993), 355–381, auch in: ders., *Fortschreibungen* (s. o. Anm. 20), 291–313.

148 Eine knappe, gut lesbare Gesamtdarstellung des Qumran-Judentums gibt Kratz, *Historisches und biblisches Israel* (s. o. Anm. 144), 203–222. Für die in Qumran geübte Schriftauslegung vgl. G. J. Brooke, *Reading the Dead Sea Scrolls: Essays in Method*, Atlanta 2013.

www.ingramcontent.com/pod-product-compliance
Lightning Source LLC
Chambersburg PA
CBHW070939180426
43192CB00039B/2382